그래도 누군가는 대박 가게를 만든다

그들이 장사로
성공할 수 있었던
결정적 이유!

그래도 누군가는 대박가게를 만든다

창업통 **김상훈** 지음

좋은날들

누가 대박 가게의 주인공이 되는가?

어느 날 기쁜 소식이 하나 날아들었다.

십여 년 전부터 알고 지내던 한 음식점 사장님에게서 온 전화였다. 카페 운영부터 시작해 3개의 직영점을 운영하더니 급기야 서울 강북의 요충지에 건물을 매입했다고 한다. 요즘 시대의 평생소원이라는 조물주 위의 건물주가 된 것이다. 마음에서 우러나오는 축하 인사말을 건넸다.

십 년 전, 그는 벤처 회사를 그만두고 연애하던 시절에 처음 창업통과 만났다. 그때는 무던히도 초보 사업자였는데, 세월이 흘러 지금은 서울 한복판에 자기 건물이 생겼다는 말에 내가 건물주라도 된듯이 만면에 미소가 그려졌다. 그의 지난 십 년이 어땠는지를 알기에 더더욱 기뻤는지도 모른다. 거의 모든 게 낯설었던 자영업 세계에서 그들 부부가 성공을 일구고자 전력투구한 것을 기억한다. 그 결과 요즘 같은 불황기에 임차인이 아닌 임대인 반열에 올랐다고 볼 수 있다.

물론 누구에게나 가능한, 흔한 케이스는 결코 아니다. 하지만 감히 오르지 못할 산 또한 아니라고 본다. 그 역시 처음에는 앳된 얼굴로 창업 시장을 노크했다. 십여 년 세월의 험난함을 견디고 대박 가게를 만드는 주인공으로 우뚝 선 것이다.

자영업 인구 545만명의 시대다. 우리나라 인구 열 명 중 한 명은 자영업 집안인 셈이다. 90년대 초반까지만 해도 자영업 인생은 곧 부자 되는 지름길로 통했다. 그때는 지금처럼 자영업에 입문하려는 사람들이 많지 않았던 시대였다. 하지만 2000년대를 지나고, 다시 2015년을 넘기면서 자영업 시장은 급격히 위축되었다. 무엇보다 자영업을 선택하는 사람들이 부쩍 늘었고, 덩달아 소비자 입장에서는 갈 만한 가게가 너무나 많은 나라가 되어버렸다. 선택의 폭이 넓다는 얘기다. 게다가 대기업과 중견기업들이 뿌리는 대형 자본은 영세 자영업 시장 영토까지 깊숙이 세력을 넓히고 있다. 이제는 대기업에 맞서 영세 자영업자가 일대일로 경쟁하는 형국으로 치닫고 있다.

90년대에는 알토란 같은 식당 하나, 작은 옷가게 하나 운영하면 한 집안이 먹고사는 데 지장이 없었다. 하지만 요즘 시대에 가게를 잘못 열었다가는 돈을 벌기는커녕 실패의 쓴잔을 마시는 일이 다반사다. 무엇이 문제일까? 이제는 자영업으로 대박을 치는 일이 거의 불가능한 것일까? 하지만 여건이 어떻든 간에 넋을 놓거나 신세타령만 하고 있을 수는 없다. 자영업은 곧 생존의 문제이기 때문이다. 또한 그럼에도 불구하고 분명 누군가는 대박 가게를 만들기 때문이다.

기업企業이 업을 도모한다는 뜻을 담고 있다면, 자영업自營業은 그 업을 스스로 이끌어야 한다는 의미라고 할 수 있다. 규모의 차이가 있을 뿐 본질은 크게 다르지 않다. 기업들이 소비자들을 공략하기 위해 온갖 노력을 기울이듯이, 개인 창업자들도 여기에 맞서 나름의 경쟁력을 갖춰야 한다. 사력을 다해야 한다. 먹고살아야 하고, 성공해야 하고, 행복해져야 한다는 게 그 이유라면 이유다.

다행히도 자본을 많이 들인 대기업 매장이 반드시 승리한다는 보장은 없다. 오히려 소비자들은 덩치만 큰 가게 옆에 있는 작은 가게의 경쟁력에 주목하고 있다. 전국의 골목길 상권에 숨어있는 가게들이 뜨는 이유와 무관치 않다. 손때가 묻은 아날로그가 숨쉬고 있는 가게는 쉽게 죽지 않는다. 창업자라면 이들 작은 가게의 진짜 경쟁력은 어디에 있는지, 대형 자본을 투자한 가게들의 허점은 무엇이고, 시장의 틈새를 공략할 무기는 어떻게 갖춰지는지를 눈여겨볼 수 있어야 한다.

지난 20년 동안 스몰 비즈니스 컨설팅과 비즈니스 코칭을 해오면서 즐거운 일도 많았지만, 안타깝고 가슴 아픈 일도 참 많이 지켜봐야만 했다. 시장에는 대박 가게들이 곳곳에 포진해 있는 한편으로, 한순간에 무너지거나 서서히 무너지는 가게들 또한 적지 않았다. 수억 원을 투자해 남 보기에 번듯한 프랜차이즈 가맹점을 창업했건만, 본전도 못 건지고 문을 닫아야 하는 경우도 많았다. 그 큰돈을 수업료로 치부할 수 있을까? 은행 빚까지 내서 어렵게 창업했음에도 끝내 기획형 프랜차이즈의 희생양이 되는 모습은 이제는 정말 그만 보고 싶다.

이는 내가 몇 년 전부터 '창업통 블로그'에 많은 정성을 들이는 이유이기도 하다. 상권 분석에서부터 개별 아이템의 특징과 장단점, 운영 노하우, 창업 마인드 등의 다양한 정보를 지속적으로 업데이트하는 외에 창업 시장의 천태만상을 가감 없이 담고자 노력하고 있다. 그 내용만 잘 헤아려봐도 창업 시장에서 맞닥뜨리는 어처구니없는 일은 어느 정도 피할 수 있을 거라 여겨진다. 그에 비해 이번에 내는 책은 창업의 기본기를 두루 짚어가는 연장선상에서, 선수 창업자들의 사례를 통해 대박 가게의 비결을 엿볼 수 있도록 정리했다.

이 책을 내놓으면서, 자영업에 몸담고 있고 창업을 준비하는 이들에게 당부하는 첫 번째 키워드는 '공부'다.

창업 준비와 운영 전반에 대한 이론 공부도 중요하지만, 상권 현장에서 펼쳐지는 '시장 공부' 또한 잊지 말아야 한다. 시장을 모르고 상권에서 대박을 치는 경우는 이제 없다고 봐도 좋다. 무엇을 준비해서 어떻게 내보일지를 체계적으로 배우고, 분석하고, 응용할 수 있어야 한다. 그 과정을 인내할 마음의 다짐도 있어야 한다. 요즘 상권에서 '사업으로 실패하기'는 식은 죽 먹기보다 쉬울지도 모른다. 그 주인공이 되지 않으려면 먼저 스스로 공부하는 데서 방법을 찾아야 한다.

두 번째 키워드는 '디테일'이다.

작은 가게가 큰 가게를 이기려면 디테일에서 앞서야 한다. 대형 자본이 미처 생각하지 못하는 작은 것 하나에도 신경을 써야 한다. 창업자의 디테일 포인트가 고객 만족과 감동을 이끌어내기 때문이다. 가게의 디테일한 요소가 결국 반복 구매로 이어지는 것이다. 이를 위해 본문에서는 대박 가게를 만드는 디테일 전략을 21가지 테마로 정리했다. 창업 아이템과 브랜드, 상권을 보는 시각, 온·오프라인 마케팅 전략, 고객 서비스, 사람 관리 등등 하나하나의 디테일이 대박 가게의 무기가 된다는 점을 명심해야 한다.

마지막 키워드는 '사람'이다.

대기업들은 오래전부터 인적자원개발HRD과 인적자원관리HRM를 경영 관리의 핵심 축으로 삼고 있다. 이른바 인재 경영이다. 이것을 자영업 시장의 언어로 풀어쓴다면 '사람 문제'이다. 자영업 시장에서 대박 가게의 주인공들은 하나같이 사람 경쟁력이 뛰어나다. 창업자 자신의 경쟁력은 물론, 선수 창업자 곁에는 선수 직원들이 좌우에 포진하고 있는 모습도 자주 목격한다. 직원 관리가 여의치 않다면 하다못해 부부간의 경쟁력 지수라도 높여야 한다.

성공하는 가게의 경쟁력 중에서 가장 중요한 것은 창업자 본인의 경쟁력이다. 성공 창업에는 중요한 요소들이 정말 많다. 아이템이 좋아야 하고, 입지가 좋아야 하고, 상호나 상품성 등등도 뛰어나야 하지만, 단연 으뜸은 사업을 스스로 이끌어가는 사장의 역량이라고 해도 과언이 아니다. 즉, 까다로운 고객을 내 가게의 단골로 얼마나 많이 만들 수 있느냐가 사업 성패의 관건이다. 그래서 대박 가게의 주인공들은 사람들과 친구 되기를 게을리하지 않는다. 주인이 아닌 고객의 입장에서 그들의 속

마음을 읽어내고, 어떻게든 거기에 부합하고자 안간힘을 쓰고 있다.

　대박 가게는 그렇게 만들어진다. 그런 몸부림 없이 대박을 꿈꿀 수는 없다. 이 책 또한 어쩌면 대박 가게 사장님들의 치열한 몸부림을 창업통의 언어로 정리한 것에 다름 아니다. 그들의 몸부림이 만들어낸 디테일 속에 자영업 성공의 해법이 존재한다고 믿기 때문이다.

　모두에게, 자영업으로 행복한 세상이 빨리 왔으면 좋겠다.

2015년 가을 선릉역 사무실에서
창업통 김상훈

01
작은 가게로도
큰 가게를
이기는 이유
;작아도 크게 버는
가게의 경쟁력

변화가 클수록 기회도 많다.
지혜로 기회를 발견하고,
용기로 기회를 잡아야 한다.
— 호설암(청나라 시대의 거상)

언제부턴가 창업자들이 불행해지기 시작했다. 평범한 직장인보다 벌이가 시원찮은 자영업자도 많아지는 현실이다. 한 달 벌이가 200만 원이 되지 않는 자영업 사장님들이 수두룩하다. 왜일까? 한정된 창업 시장을 두고 너무 많은 창업자들, 너무 많은 브랜드가 생겨난다는 게 큰 이유 중 하나다. 간혹 창업 박람회장에 갈 때가 있다. 여기에 나오는 수백 개 프랜차이즈 브랜드는 과연 창업자들을 행복하게 해줄 수 있을지 의문이다. '프랜차이즈 박람회는 누구를 위한 박람회일까?'라는 근본적인 회의가 들기도 한다.

이렇듯 열악한 상황에도 불구하고 대한민국 사람들에게 창업은 이미 선택 사항이 아니다. 인생을 사는 동안 직간접적으로 꼭 거쳐야 하는 필수 과정일 수 있다. 다들 오래 산다고 한다. 여차하면 구순 잔치를 해야 하는 시대다. 하지만 아이러니하게도 오래 사는 게 축복이 아닌 세상이라는 얘기가 흘러나온다. 나이가 들면 국가가 모든 것을 책임져주는 북유럽 나라와 우리나라를 비교할 순 없다. 나의 노후와 행복은 내 스스로가 책임지고 준비해야 하는 것이다.

행복의 첫 번째 조건은 경제적 독립이다. 이 땅의 1,500만 직장인들은 언젠가는 독립을 해야 한다. 누구에게나 당연한 귀결이다. 60세를 넘어서까지 조직의 우산 아래서 살아갈 수는 없다. 나의 의지와 무관하게 창업 시장을 노크할 수밖에 없다는 게 현실이다.

창업은 독립이고, 성공적인 독립을 위해서는 충분한 준비 기간이 필요하다. 시장은 결코 녹록지 않기 때문이다. 이제부터라도 시장의 변화 추이에 주목해야 한다. 창업 시장이 전쟁터와 같다고 얘기하는 사람들이 많다. 먹고 먹히는 약육강식의 생태계와 진배없다. 한국의 작은 창업 시장을 두고 대기업, 중견기업, 중소기업들까지 땅 따먹기에 혈안인 것이다. 하물며 영세한 자영업자, 이제 막 발을 들여놓은 초보 창업자들에게 기회는 과연 있을까?

방법을 찾아야 한다. 소자본, 작은 가게라고 해서 좌절할 수는 없다. 작지만 매운 고추의 무기를 만들어야 한다. 다행히 시장의 한 축인 소비자들은 큰 가게에만 열광하진 않는다. 오히려 큰 가게일수록 장렬하게 실패하는 케이스가 늘고 있다. 대형 패밀리 레스토랑이나 대형 카페, 대형 갈빗집 프랜차이즈 등 대기업이 운영하는 대형 음식점의 실패 사례는 곳곳에서 발견할 수 있다. 이는 초보 창업자들에게 시사하는 바가 크다. 대형 자본으로 밀어붙이는 큰 매장의 위세에 결코 기죽을 필요가 없다는 얘기가 되기 때문이다.

그렇다면 큰 매장의 공세에도 끄떡없는 작은 가게 주인의 경쟁력, 필살기는 무엇일까? 경기가 어려울수록 그들의 필살기는 빛을 내는 법이다. 따라서 초보 창업자라면 그들의 노하우를 꼼꼼하게 살펴봐야 한다. 작은 가게로 성공하는 사람들의 경쟁력과 전략에 귀 기울일 필요가 있다. 그들은 어떻게 해서 대박을 치는 것일까?

가게 경쟁력의 핵심은
사람 경쟁력이다

작은 가게가 큰 가게를 이기게 해주는 첫 번째 코드는 사람 경쟁력이다. 사람 경쟁력은 주인과 직원, 고객으로 압축할 수 있다. 그중 으뜸은 주인의 경쟁력이다. 성공하는 작은 가게들의 공통점은 사장의 경쟁력이 탁월하다는 데 있다. 70만 개의 국내 외식 창업 시장에서 한 달에 1,000만원 이상 버는 음식점들을 보더라도 무엇보다 주인의 경쟁력이 월등하다. 그러므로 창업자 입장에서는 그들의 비하인드 스토리에서 숨은 경쟁력 찾기에 나서야 한다. 초보 창업자들은 본인의 경쟁력보다는 브랜드 경쟁력, 상권 입지 경쟁력 등에 의존하는 경우가 많다. 하지만 작은 가게의 성공 요인을 면밀히 들여다보면 주인의 경쟁력이 사업 성패를 결정짓는다는 사실을 금방 알게 된다.

그들 사장을 만나보면 겉으로 드러나는 몇 가지 특징이 있다. 우선 그들은 한결같이 여유와 미소가 넘쳐난다. 늘 '룰루랄라'를 외치고 있다. 세상의 근심걱정이 별로 없는 사람처럼 보이기도 한다. 하지만 과연 그럴까? 사업하는 사람치고 근심걱정 없는 사람은 없다. 돈을 많이 버는 사람일수록 생각이 많고, 근심도 많아지게 된다. 그럼에도 고객을 대할 때만큼은 늘 여유와 미소로 자신을 포장한다. 그들이 고객을 끌어들이는 마력은 다름 아닌 주인의 편안한 미소인지도 모른다. 그 미소에 사람들은 마음을 열고, 자연스럽게 지갑도 열게 되는 것이다. 주변 사람을 내 사람으로 만드는 전략, 성공하는 작은 가게 사장들에게서 볼 수 있는 경쟁력의 일단이다.

두 번째, 그들은 치열하게 살고 있다. 마치 물 위의 백조가 겉으로는 한없이 유유자적해 보이더라도 보이지 않는 물속에서는 끊임없이 두 발을 허우적거리며 앞으로 나아가는 이치와 같다. 겉으로는 여유와 미소가 넘쳐나지만, 남들이 보지 않는 뒤편에서의 그들 모습은 치열하다. 경우에 따라서는 처절하리만큼 힘들게 고생한다. 단지 고객 앞에서는 드러내지 않을 뿐이다. 이와 관련해 80억 자산을 이룬 어느 음식점 사장님의 얘기가 떠오른다. 그는 이렇게 일갈했다.

"주인과 직원은 늘 배우처럼 살아야 합니다. 가게는 단지 무대일 뿐입니다. 손님은 자연스럽게 관객이 되는 것이죠. 주인과 직원은 내 무대의 고객들에게 아낌없이 웃음을 줄 수 있어야 성공하더라고요."

자영업을 성공으로 이끌기 위해서는 정말 많은 요소가 맞아떨어져야 한다. 시장 흐름에 맞는 아이템 선택, 상품 경쟁력, 좋은 가게 입지, 온라인 홍보 같은 마케팅, 차별화된 서비스, 직원 교육과 관리, 고객 관리 등등 어느 것 하나 소홀하기 힘들다. 그런데 그 가장 밑바탕에 창업 주체인 사장의 경쟁력과 열정, 배움의 자세가 있어야 한다. 이 같은 역량이 충분히 갖춰지지 않은 상태라면 창업 과정에서 부딪히는 온갖 난제들을 헤쳐 나가기 힘들다.

초보 창업자가 방법을 모르는 것은 당연하다. 가게 경영에 서투르고 실수도 많을 테지만, 문제의 본질은 이게 아니다. 즉, 모르는 것 자체가 문제인 게 아니라, 몰라도 알려고 하지 않고 어디서 어떻게 배워야 할지를 모른다는 게 진짜 문제인 것이다. 나 같은 창업 컨설턴트나 이 책에서 두루 소개하는 많은 자영업 부자들 이야기는 그저 길을 안내하고 방법만 일러줄 따름이다. 그 노하우를 나의 사례에 접목하고 실천하는 일은 오롯이 창업자 본인의 몫이다. 부디 이것을 명심해야 한다. 나의 성공과 실패는 결국 나에게 달렸다.

처음부터
건물주가 되는 사람은 없다

옹골찬 가게의 사장 경쟁력 핵심은 하염없는 자기 낮추기에 있다. 상품 경쟁력보다 더 중요한 것은 주인과 직원의 서비스 경쟁력이다. 이것이 고객 만족도를 높이는 첩경이다.

한국의 소비자들은 한없이 까다롭지만, 이들을 내 가게에 또 오게 해야만 안정적인 매출이 담보된다고 할 수 있다. 때문에 적어도 손님들 앞에서만큼은 그들을 대접해주는 영업 스타일 만들기가 필요하다. 특히 창업 전에 좋은 회사를 다녔던 분들의 경우, 내 가게를 열었다고 해서 고객을 대접하는 일에 익숙지는 않다. 그도 그럴 것이 수십 년간 조직 생활에 길들여진 사람일수록 늘 당당하고, 잘나 보이고, 빈틈없는 컬러의 창업자들이 많기 때문이다. 이러한 스타일은 조직 생활을 버티게 하는 원동력일 수는 있다. 하지만 나 홀로 독립 인생에 발을 담그는 순간부터 이 같은 스타일은 그리 도움이 되지 않는다. 한국인의 소비 심리상 나보다 잘나 보이는 가게 주인을 별로 좋아하지 않기 때문이다. 때에 따라서는 백종원 식의 어눌한 말씨, 빈틈이 있어 보이는 자기 스타일이 필요하다는 얘기다. 쉽게 말해, 고객보다 못나 보이는 스타일이 고객 만족도 향상으로 이어진다고 봐야 한다. 작은 가게로 성공하는 사장들의 장점은 바로 이런 데에 있다.

사실 최근 백종원 사장이 뜨는 이유 역시 조금 알려진 인물이 매우 인간적으로 비쳤기 때문일 것이다. 애초에 소유진의 남자였기에 완벽에 가까운 사람이라고 생각했다. 하지만 방송을 통해 본 그의 첫인상은 어눌한 충청도 말씨가 정감 어린 인간미로 포장돼 있다. 여기에 시청자들은 백종원 사장이 내뱉는 한마디 한마디에 열광하기 시작했다. 만약 그가 까칠하고 빈틈없는 컬러로 방송에 나왔다면 이처럼 소비자들이 열광했을 리 만무하다. 백종원 사장의 인기에 힘입어 그가 만들어낸 '빽다방'은 단기간에 이디야의 아성을 위협할 수준으로 부상하고 있다. 놀라운 일인 동시에 '자기 낮추기'의 힘이라 할 수 있다.

창업 시장에 처음 노크하는 사람들은 눈높이를 낮출 필요가 있다. 무엇보다, 알토란 같은 작은 가게의 내공을 섭렵하는 지혜가 필요하다. 작은 가게일수록 투자 비용이 적게 들어가는 것은 물론 운영 관리의 효율성도 높다. 반대로 큰 가게일수록 고정비용인 월 임차료, 인건비 등이 높을 수밖에 없다. 큰 가게가 '크게' 실패하는 첫 번째 이유이기도 하다. 때문에 창업자 입장에서는 시간이 걸리더라도 성공하는 작은 가게의 생각과 철학을 공부해야 한다. 또한 그들 비즈니스 노하우의 핵심을 내 것으로 만들어야 한다. 옹골찬 가게의 경쟁력은 그 지점부터 생겨난다.

그리고 쉽고 빠르게 오픈하기보다는 어렵고 느리게 창업해야 한다. 그래야만 오래 살아남을 수 있다. 시장조사를 위해 상권에 나가더라도 남 보기 좋은 번듯한 가게보다는 작은 가게의 성공 사례를 찾아야 한다. 작지만 강한 알짜배기 가게에서 성공의 이유를 가려내야 하는 것이다. 그 가게의 주인은 누구인지, 그 주인은 어떤 스타일로 창업 시장의 주인 공이 되고, 대박 가게를 만들어냈는지를 하나하나 꼼꼼히 메모해가는 습관과 과정이 필요하다. 대한민국 창업 시장에서 실패를 줄이고 성공 을 앞당기는 비결이다.

처음부터 건물주가 되는 사람은 없다. 창업 선수의 재능을 타고나는 사람 또한 거의 없다. 자만하는 대신에 나를 낮추고, 무작정 일을 벌이기 보다는 한참을 준비해서 움직이고, 막연하게 기대하기보다는 앞서가는 가게의 사례에서 끊임없이 배울 준비가 된 사람만이 대박 가게의 꿈을 이룰 자격을 얻는다.

그렇게 되기 위해 창업 자본의 많고 적음은 그리 관계가 없다. 가진 것이 적어 어엿한 매장이 아니어도, 불경기의 한가운데서 시작했더라도 보란 듯이 성공하는 사람들이 있다. 삼청동 골목에서 호떡을 파는 조영 준 대표 또한 그들 중 하나다.

하루에 호떡 2,000개를 파는 남자, 삼청동 호떡 이야기

　　　　　　　　　　골목 상권이 주목받고 있다. 최근 서울에서 뜨는 골목 상권이라면 부암동 골목, 홍대 언저리의 상수동, 연남동, 망원동 골목 등이 있다. 골목 상권의 대명사는 서울 한가운데에서도 찾을 수 있는데, 그중 사대문 안에는 삼청동 골목이 대표적이다. 안국역에서 정독 도서관 일대의 삼청동 골목 상권은 연인은 물론 젊은 세대가 즐겨 찾는 1등 골목길이라 할 만하다. 그 한 귀퉁이에 '호떡집에 불이라도 났다'고 할 만큼 장사가 잘되는 가게가 있다. 바로 삼청동 호떡이다.

　삼청동 호떡집에서는 주말이면 하루 2,000개의 호떡을 판다고 한다. 이쯤이면 '얼마나 호떡이 맛있길래?'라는 궁금증이 생길 텐데, 말하자면 맛은 일단 호떡 맛일 뿐이다. 정독 도서관 바로 아래의 골목 어귀에 들어서면 삼청동 호떡 팻말을 든 청년을 만나게 된다. 조영준 대표의 호떡 패밀리다. 골목 안쪽에 자리 잡고 있기에 사람이 직접 팻말을 들고 표지판 역할을 한다. 그런데 그가 이처럼 삼청동에서 호떡 왕이 될 수 있었던 비결은 뭘까?

　'고객을 감동시키면 돈은 따라온다.'

　조영준 대표의 자영업 철학 중 하나다. 고객과는 결코 흥정하지 않는다고 그는 말한다. 누가 보더라도 '노력해서 정성스럽게 만들었구나'를 구현하는 것이 고객 감동의 첫 포인트라고 강조한다. 호떡 하나를 만들더라도 좋은 원재료를 사용해, 열과 성을 다해 일하다 보면 고객들은 자

삼청동 골목에 위치한 삼청동 호떡집과 조영준 대표 부부. 이 작은 가게에서 꿀 호떡과 야채 호떡, 딱 두 가지만으로 월 5천만원 정도의 매출을 올린다.

연스럽게 지갑을 열게 된다는 얘기다. 물론 말은 쉬워도 오랜 세월 노력한 결과일 것이다.

　그리고 또 한 가지, 그가 말하는 골목에서 이기는 오직 하나의 비결은 바로 '열정'이다. 한때 벤처기업 CEO였다가 남대문 노점상을 하기도 했던 조영준 대표는 어쩌면 철저하게 을의 입장에서 살아남는 법을 실천하며 살아왔다. '갑질'하는 세상에서 살아본 사람이라면 길거리 사업은 쉽지 않을 수 있다. 조대표는 그들은 열정부터가 없다고 일갈한다. 경쟁이 치열한 상권에서 살아남아 골목 왕이 될 수 있는 가장 단순한 진리는 열정이라는 것이다. 오로지 열정만이 모든 역경을 견디게 해주고 기회를 찾아주는 힘의 원천이 아닐까? 조영준 대표를 만나는 순간 연극배우를 보는 것 같은 느낌이 들었다. 사진을 한 컷 찍으려니까 앙증맞은 포즈를 취한다. 누가 봐도 장년층인데 이런 표정, 이런 포즈만큼은 젊은 세대의 몸짓과 다를 바 없다.

　삼청동 호떡이 유명해지면서 전국에서 조영준 대표를 만나러 오는 사람들이 많다. 그중 상당수는 삼청동 호떡의 분점으로 창업하길 희망하는 이들이다. 하지만 100명을 면접 보면 99명은 떨어질 가능성이 높다고 한다. 대부분 저렴한 비용으로 호떡집을 차려 돈만 벌겠다는 사람들이 많다는 얘기다. 그렇게 지금까지 총 600여 명이 찾아왔는데 합격한 사람은 단 9명이라고 한다. 호떡 장수도 아무나 하는 게 아니라는 사실을 알 수 있는 대목이다. 그중에 가장 나이 많은 합격자는 50대 후반의 인천 백운점 점주님이라고 한다. 나이와 상관 없이 조 대표의 가치와 철학, 열정을 공유할 수 있었기에 가능한 일이었다.

그는 호떡집 창업 희망자를 결정하는 일, 다시 말해 삼청동 호떡 간판을 주는 일은 대형 프랜차이즈와는 접근이 다를 수밖에 없다고 한다. 철저한 검증이 필요하다는 것이다. 어렵다고 도와줬는데 실패하면, 시작하지 않은 것보다 못하기 때문이다. 더욱이 전수 창업을 통해 분점을 내는 일은 가족을 이루는 일과 같다고도 한다. 가족을 만드는 일을 한두 번 보고 쉽게 결정할 일은 아니라는 얘기다.

조영준 대표는 생각이 많다. 할 일도 너무 많다. 때문에 하루에 20시간은 일한다고 한다. 그래서 잠이 부족하지만 신나는 표정을 잃지 않는다. 그의 눈빛은 늘 초롱초롱 빛난다. 열정과 활력은 그의 최대 자산이다. 가게가 골목 한쪽에 숨어있어도, 매장이 작고 경기가 나빠도 그는 이 열정과 활력을 무기로 지금의 성공을 거머쥐었음에 틀림없다. ♣

02

우리나라에서
1등하는 닭갈비집은
어디일까?

; 잘되는 가게는
　상권에 기대지 않는다

좋은 농사꾼에게 나쁜 땅은 없다.
— 우리 속담

"전국 대학가 상권 중에 가장 좋은 상권은 어디일까요?"

이렇게 묻는다면 홍대 상권을 지목하는 데 다들 주저하지 않는다. 가장 좋은 상권이란 장사가 잘되는 상권, 상세력이 월등한 상권, 사람이 모여들어 유동 인구가 많은 상권으로 이해할 수 있다. 하지만 좋은 상권, 대형 상권이라고 해서 창업 성공률이 높다는 등식이 성립할까? 결론은 그렇지 않을 수도 있다. 그럼에도 창업자들이 대형 상권, 좋은 상권을 선호하는 것은 큰 상권일수록 창업 성공률이 높을 것이라는 막연한 기대, 혹은 착각 때문이다.

좋은 상권일수록 실패 가게가 많이 양산된다. 그 이유는? 홍대 같은 메이저급 상권에 진입하려면 고정투자 비용이 클 수밖에 없다. 최근 보증금과 권리금 등 점포 구입비가 천정부지로 치솟고 있다. 이뿐이랴. 초기 비용이 많이 드는 이상으로 점포 임차료를 포함한 운영 비용이 많아지는 것은 기본이다. 따라서 어설픈 콘셉트로 선불리 오픈하는 사람들에게 실패는 떼놓은 당상일지도 모른다. 더욱이 대형 상권일수록 창업자 입장에서는 경쟁이 치열하다. 물론 소비자 입장에서는 선택의 폭이 넓어져 즐거운 일이기는 하다. 다시 말해, 웬만한 비즈니스 모델로는 소비자의 선택 우선순위에 들기가 쉽지 않은 것이다.

반면 작은 상권에서는 상세력이 크지 않아도 투자 비용이 저렴할 뿐만 아니라 임차료 등의 판매관리비도 상대적으로 적다. 실제로 동일한 아이템이 서울, 수도권 상권보다 오히려 지방 상권에서 수익률이 더 높은 가게들이 많기도 하다. 홍대 상권, 강남역 상권, 대학로 상권, 가로수길 상권 등 소위 뜨는 상권의 겉모습만 보고 투자했다가 시름이 깊어가는 창업자들이 많다는 사실을 간과하면 안 된다. 나에게 맞는 알짜 상권을 찾아야 한다. 대형 상권이라고 해서 꼭 좋은 것만은 아니며, 주요 상권에 속해 있지 않더라도 나름의 입지와 경영 노하우를 통해 최고 수준의 매출을 올리는 가게도 제법 있다는 사실을 불황기 창업자들은 반드시 새겨야 한다.

서울 사람들이 줄서는 가게, 홍천 양지말 화로구이

우리나라에서 분야별 매출액 1등 음식점은 어디에 있을까? 흔히 1등 음식점 하면 사람들이 많이 사는 서울 상권에서 찾는 게 보편적이다. 하지만 실상은 그렇지 않다. 의외로 지방 상권에 숨어있는 음식점이 매출액 전국 1위의 기염을 토하는 경우가 많다. 그런데 지방 상권에서 1등하는 음식점의 고객층을 분석해보면 지방 수요층보다는 서울 수도권 수요층을 타깃으로 하는 음식점이 호황을 누리는 경우가 대부분이다. 즉, 한국에서 음식점 사업으로 최고가 되려면 핵심 고객으로서 서울 수도권 사람들을 유입시키지 않고는 쉽지 않다.

그도 그럴 것이 최근 데이터를 보면 서울시 1,040만, 경기도 1,240만, 인천시 300만을 합쳐 우리나라 인구 중 절반이 넘는 2,580만명의 인구가 서울 수도권에 밀집해있기 때문이다. 지방에서 음식점을 하더라도 지방 수요층을 끌어들이는 것은 기본이고, 어떻게든 서울 수도권 고객을 우리 음식점으로 불러들여야만 전국 매출액 수위의 으뜸 음식점으로 자리매김할 수 있다는 얘기다.

물론 서울 손님을 찾아오도록 만든다는 게 수월한 일만은 아닐 것이다. 하지만 그렇게 성공한 가게는 분명 드물지 않다. 예컨대, 강원도는 서울 수도권 소비자들의 허파와도 같은 상권이다. 수도권에 거주하는 사람들은 주말이나 평일에도 잠시 짬을 내서 강원도 상권을 찾곤 한다. 도로교통의 개선도 하나의 이유다. 십 년전만 해도 서울 사람들은 영동고속도로로 가는 외에는 저마다 팔당으로 몰려들었다. 미사리를 지나서 팔당대교를 건너 팔당댐까지 이어진다. 팔당댐을 지나며 첫 번째로 만나는 시골밥상집, 우리나라 최초의 전원 레스토랑 봉쥬르, 기와집 순두부를 거쳐서 정약용 묘를 지난다. 양수리와 촬영소길을 거치면서 유명한 청국장집까지 양수리 일대는 서울 사람들의 환상의 드라이브길 상권으로 통했다. 이곳에는 유명 외식업소가 즐비했으며, 서울 수도권 사람들의 단골 재충전 상권으로 인기가 높았다.

하지만 도로교통이 바뀌기 시작했다. 신양평길이 개통되면서부터다. 이제 서울 사람들은 환상의 드라이브길 상권을 잘 찾지 않는다. 대체 도로가 생겼기 때문이다. 팔당대교를 건너면 팔당댐까지 이어지는 옛길을 이용하지 않고 새롭게 뚫린 신양평길을 따라서 터널 5개만 넘으면 30

분 내에 양평에 도착한다. 예서 머물지 않는다. 양평을 지나 홍천 상권까지 1시간 내에 갈 수 있다. 이 도로의 영향으로 우리나라에서 1등하는 고깃집은 홍천 상권에 자리하고 있다. 화로구이촌의 터줏대감인 '양지말 화로구이'는 그렇게 탄생했다. 연간 방문객수만도 40만명, 연매출은 50억원에 육박한다고 한다.

재미있는 것은 양지말 화로구이에 가면 홍천 지역민을 발견하기 힘들다는 사실이다. 홍천 인구는 7만명, 세대수는 3만 세대에 이른다. 하지만 홍천 사람들은 양지말 화로구이를 별로 이용하지 않는다는 것이다. 대부분 서울 수도권 사람들로 인산인해를 이룬다. 왜일까? 서울 사람들 입장에서는 서울을 출발해서 강원도 속초 바다를 보러 가기 전의 중간 지점, 즉 서울 출발 한 시간 만에 홍천 상권에 다다른다. 때문에 홍천에서 잘 알려진 화로구이촌에 접근하게 되고, 그중에 유명하다는 양지말 화로구이를 노크한다는 얘기다.

그런데 양지말 화로구이가 단순히 교통 여건의 이점 때문에 성공한 것만은 아니다. 수도권 소비자의 시각으로 판단하자면 상품 경쟁력 또한 베스트다. 서울 지역에서는 맛보기 어려운 참숯 직화구이가 있고, 고기와 함께 화로 석쇠에는 귀하다는 횡성 더덕까지 차려진다. 더덕구이와 고기를 같이 먹는 맛은 일품이다. 뿐만이 아니다. 양지말 화로구이에 가면 마지막을 기분 좋게 장식하는 디저트가 있다. 이른바 메밀 커피다. 양지말 사장님이 점포 밖의 난로에서 커피 주전자와 메밀 가루를 넣은 주전자를 직접 끓여서 내주는 메밀 커피가 양지말의 또 하나의 무기이자 상징이었다. 커피를 별로 좋아하지 않은 소비자들에게도 양지말의

화로구이 전국 매출액 1위의 양지말 화로구이 전경. 이곳에서는 무료로 제공되는 메밀 커피가
별미인데, 메밀을 끓여 식힌 후 커피를 타서 중불로 재탕해서 만든다.

메밀 커피 맛은 고객 만족도를 높이는 중요한 포인트 역할을 했다. 그렇게 양지말 화로구이는 2003년 오픈 이래 십여 년 동안 화로구이 전국 매출액 1등으로서 손색이 없는 음식점이다. 상품 경쟁력과 함께 도로교통의 개선으로 수도권 수요층을 유입시켜서 성공가도를 달리고 있는 대표적인 케이스라고 할 수 있다.

전국 1등에는 다 이유가 있다, 춘천 통나무집 닭갈비

한편 우리나라에서 1등하는 닭갈비집은 어디에 있을까? 닭갈비의 고향 역시 강원도다. 춘천 사람들을 만나면 닭갈비의 원조는 춘천이라고 이야기하고, 홍천 사람들을 만나면 홍천 닭갈비가 더 유명하다고 얘기한다. 여하튼 닭갈비의 원조 상권은 강원도임에는 분명하다. 그중 강원도 춘천에서 제일 유명한 닭갈비집은 어디일까? 춘천 사람들은 후평동에 있는 30년 원조 닭갈비집을 꼽는다. 하지만 이 음식점을 서울 수도권 사람들은 잘 모르는 경우가 많다.

그렇다면 서울 수도권 사람들이 가장 즐겨 찾는 1등 닭갈비집은 어디일까? 서울 사람들은 강동구와 강원도 춘천을 잇는 경춘고속도로 개통으로 40분이면 춘천에 도착한다. 이제 춘천은 서울 사람들에게 잠깐 바람 쐬러 다녀올 수 있는 상권이 되었다. 그 옛날 경춘가도를 따라, 또는 경춘선 완행열차를 타고 두 시간 만에 가던 춘천이 아니다. 춘천 상권은 서울 사람들이 부담 없이 넘나들 수 있는 나들이 상권으로 부상하고 있다. 때문에 우리나라에서 1등하는 닭갈비집도 단연 춘천에 자리 잡고 있다.

서울 사람들은 경춘고속도로를 이용해, 춘천 시내에 들어갈 필요도 없이 외곽도로를 타면 금방 소양댐에 도착한다. '소양강 다목적댐'이라는 강 건너 글씨에서 옛날 교과서에서 봤던 기억을 떠올리며 유람선에 몸을 싣고 청평사로 향한다. 청평사에서 막걸리 한잔을 기울이고 다시 소양댐 입구로 나와 춘천 먹거리를 찾는 경우가 일반적이다. 이때 서울 사람들은 춘천 시내의 명동 닭갈비 골목을 찾기보다는 소양댐 주차장 인근 대로변에 있는 '통나무집 닭갈비'에 시선을 고정시킨다.

고즈넉한 통나무집 풍경에 춘천 대표 먹거리인 닭갈비를 먹는다는 것 하나만으로도 즐거운 일이 아닐 수 없다. 무엇보다 소비자 입장에서는 소양댐 바로 앞이라는 입지적인 장점과 함께 넓은 주차장, 게다가 통나무집이라는 자연 친화적 가치가 만나 구매 파워로 이어진다. 여기 또한 춘천 사람들을 찾아보기 힘든 게 사실이다. 대다수 고객이 서울 수도권 소비자들로 채워지는 것이다. 서울 쪽 소비자 입장에서 본다면 춘천에 바람 쐬러 와서 손쉽게 찾을 수 있는 닭갈비집이라는 점이 첫 번째 매력으로 다가온다. 물론 음식점 성공의 기본인 상품 경쟁력, 즉 맛으로도 원조에 비해 전혀 떨어지지 않는다.

서울 수도권 소비자들은 연인이나 가족 단위 외식객이 대부분을 차지하는데, 한때 팔각정 대기석 뒤뜰에는 아이들이 뛰어놀 수 있는 트램펄린까지 갖췄다. 아이들에게는 닭갈비를 먹는 즐거움보다 트램펄린을

소양강댐 가는 길목에 자리한 통나무집 닭갈비. 맛도 뛰어나지만, 탁월한 입지에 넓고 쾌적한 경관, 자연과 조화된 카페 같은 분위기가 장점이다.

공짜로 탄다는 즐거움이 더 크다. 개중에는 아이들이 트램펄린을 탈 수 있는 음식점에 가자고 해서 또 방문했다는 손님도 만날 수 있었다. 서울 수도권 사람들의 유입력을 높이는 전략으로 승부한 결과 통나무집 닭갈비의 1일 내점 고객은 주말의 경우 2,000명이 넘는다고 한다. 객단가 1만원만 계산해봐도 금방 수익성을 짐작케 한다.

수도권 고객을 부르는 '무기'가
바로 경쟁력

우리가 서울 수도권 수요층에 주목해야 하는 이유는 자명하다. 5천만 인구 중에 절반이 넘는 수요층이 서울 경기에 집중돼 있고, 서울 쪽 사람들은 늘 지방으로 눈을 돌리기 때문이다. 그런 이유로 서울에서 음식점 사업을 하지 않더라도 서울 경기 사람들의 라이프스타일 동선을 추적하는 것은 외식업 경영자들이 신경 써야 할 일 중 하나다. 더욱이 전국이 1일 생활권 시대로 접어든 지 오래다. 서울에서 부산까지 KTX로 넉넉잡고 3시간이면 도착한다. 서해안고속도로에 차를 올리면 3시간 반만에 목포 북항 상권에서 세발낙지를 먹을 수 있는 시대다. 동쪽으로도 서너 시간이면 강릉 경포 바닷가에서 회를 먹을 수 있다. 이렇듯 지방 상권에서 외식업에 종사하더라도 서울 수도권 사람들을 1차 고객으로 설정하는 것은 너무 당연하다.

관건은 무엇을 팔 것이냐의 문제다. 서울을 벗어나 지방까지 갔는데 서울 여기저기에 보이는 흔하디흔한 프랜차이즈 가맹점을 찾을 리는 만무하다. 그 지방 상권에 가야 먹을 수 있는 메뉴의 상징성을 우선적으로 고려해야 한다. 남도에 가면 게장백반, 통술, 복국, 갯장어, 홍어 요리가 있는가 하면 동해안에는 초당두부, 막국수, 곰치국이 있다. 서해안에서는 쭈꾸미, 고창 풍천 장어, 우럭젓국 등등 그 지역의 별미를 상품화하는 방법이다. 서울에서도 먹어볼 수 있는 맛이 아닌, 그 지역 상권에 가야만 맛볼 수 있는 음식이야말로 서울 사람들이 지방을 찾을 때 반드시 주목하는 테마가 아닐 수 없다.

다음은 인터넷이다. 온갖 정보가 인터넷에서 유통되고 있다. 하물며 우리나라는 이미 인터넷상에서는 하나의 상권으로 자리매김되어 있다. 포털 사이트에서 통영 맛집, 여수 맛집, 전주 맛집, 강릉 맛집, 서귀포 맛집, 대전 맛집이라는 검색 키워드를 입력했을 때 가급적 첫 테이블 안에 내 가게가 드러나야 한다. 블로그나 카페, 웹문서, 지식인, 뉴스, 동영상 카테고리 중 하나 이상에서 우리 음식점 정보가 떠야 한다는 얘기다. 이는 서울 수도권 사람들을 유입시키는 가장 손쉬운 방법이기도 하다. 물론 조심해야 하는 점도 있다. 서울 수도권 소비자들은 매우 까다롭다. 좋다는 의견, 괜찮다는 의견도 인터넷에서 소문을 내지만, 안 좋다는 의견, 그 음식점은 별로라는 '악플' 또한 가감 없이 올라오는 것이다. 게다가 나쁜 소문은 더 빨리 전파된다.

부자 동네와 가난한 동네,
어느 쪽이 더 장사가 잘될까?

창업을 준비하는 사람들에게 가장 큰 고민 중 하나는 점포를 구하는 일이다. 전체 창업 자금의 50% 이상은 점포 구입에 투자될 수밖에 없다. 고민이 되는 게 당연하다. 하지만 잘나가는 창업자들의 공통점 중 하나로서 틈새 입지 공략에 성공한 경우를 자주 접하게 된다. 그들은 적정 점포를 결정하기까지 길게는 6개월 이상의 시간을 들이기도 한다. 그만큼 점포 입지를 선택하는 일은 창업의 성패와 직결되는 문제다.

그렇다면 어떤 동네에서 점포를 구하는 게 최선일까? 물론 사업 아이템의 주고객이 누구인지에 따라 달라질 수 있다. 다만 무턱대고 상권을 선택하려고 보면 난감하기 그지없다. 유태인의 장사법에는 부자 동네에 가야만 장사가 잘된다는 얘기도 있다. 과연 그럴까?

서민층이 많이 모여 사는 동네에서는 누가, 어떤 아이템으로 창업을 하든 실패율이 높다는 걸까? 상권에 나가서 시장조사를 해보면 금방 판가름할 수 있다. 부자들이 많기로 소문난 강남 상권에서 업종 트렌드를 조사해보면 재미있는 사실을 발견할 수 있다. 얼마 전 일이다. 강남 지역의 시장조사를 위해 저녁 시간대에 주점 아이템 상권을 살핀 적이 있다. 주점 아이템은 생명곡선이 유난히 짧은 아이템 중 하나다. 유명 프랜차이즈 형태의 주점이라도 2년을 견디지 못하고 간판을 내리는 경우가 많은 실정이다.

강남 상권의 2층에 위치한 어느 프랜차이즈 주점 또한 그랬다. 밤 9~10시의 황금시간대인데도 불구하고 30평 남짓의 주점에는 두 테이블만이 좌석을 메우고 있었다. 임차료는 한 달에 400만원이 넘는다고 했다. 잘나가던 프랜차이즈 브랜드일지라도 강남 노른자위 상권에서 피크 타임 때 빈자리가 많은 점포를 어렵지 않게 발견할 수 있다. 그 주점을 운영하고 있는 사장님의 깊은 한숨소리가 들리는 듯했다. 이뿐만이 아니다. 부자 동네에 인접한 대형 상권일수록 새로운 간판이 자주 생기는 현상 또한 부인할 수 없는 사실이다. 왜일까? 부자 동네인 경우 흔히 상권이 좋다고 판단할 수 있다. 자연적으로 점포 구입 비용 및 임차료 부담은 높을 수밖에 없다. 운영자 입장에서는 부자 동네, 좋은 상권 하나만 믿고 과감하게 출점했어도 순이익률 저하로 인해 기대치를 충족하지 못한다면 폐점은 불 보듯 뻔한 일이다.

창업자에게 정작 중요한 것은 매출액의 추이보다 내 손에 남는 순이익이 얼마인지다. 부자 동네, 번듯한 상권에서 사업하는 분들의 가장 큰 고민은 순이익이 생각보다 적다는 점이다. 겉으로는 번듯한 매장을 운영하고 있으니까 큰돈을 버는 것처럼 보이지만 속내는 반대인 경우가 많다는 얘기다. 더욱이 부자 동네 소비자들은 외식을 하더라도 차량을 이용해 백화점 같은 대형 쇼핑공간을 찾는 경우가 많다. 때문에 부자 동네에 비싼 월세 내고 출점해서 자칫 건물주의 임대료 수익 챙겨주기에 급급해야 하는, 웃지 못할 상황이 벌어지기도 한다.

반면 가난한 동네, 서민층 상권이라고 해서 창업 실패율이 부자 동네보다 높을까? 서민층 상권에 오픈한 포장마차, 선술집형 고깃집, 각종 배달형 아이템들은 요즘 같은 불황기가 곧 호황이라며 쾌재를 부르는 가게가 곳곳에 존재한다. 그래서 창업의 선수들이 월 임차료가 저렴한 서민층 상권에서 서민 눈높이에 맞는 상품과 가격대를 세팅한 다음 인산인해의 매장을 운영하는 사례는 흔하게 발견할 수 있다. 서민층 동네라고 해서 기본적인 먹거리와 살거리, 놀거리를 추구하는 라이프스타일이 축소되는 것은 아니기 때문이다.

정리하자면 부자 동네라고 해서 창업 성공률이 높고, 가난한 동네라고 해서 창업 실패율이 높은 것은 결코 아니다. 부자 동네인 경우 고정 투자비가 많이 들어가는 것은 물론 임차료 부담도 높기 때문에 실질적으로 남는 것이 적을 수 있다는 한계가 있다. 또한 가난한 동네에서 창업하더라도 어떤 입지, 어떤 점포를 계약하느냐에 따라서 성패는 갈릴수 있다. 서민층 상권에는 투자 비용을 최소화하고 임차료 등 고정비용을 줄여 순이익률을 높이는 알짜배기 가게들이 의외로 많이 숨어있다. 특히 푸드 트럭 등 길거리형 아이템도 부자 동네보다는 서민 동네에서 훨씬 호황이다.

창업 실패율을 줄이는 방법은 몇 가지 매뉴얼로 정리하기에는 어려움이 있다. 너무나 많은 변수가 있기 때문이다. 따라서 어떤 동네, 어떤 상권에서 오픈하든, 투자 금액 대비 수익성에 대한 사전 검증을 거친 후 점포를 결정하는 것이 중요하다. ♣

03

주방에선
맛을 팔고
홀에선
감동을 팔아라

;고객 만족도를 높이는 비결

장사는 이문을 남기는 것이 아니라
사람을 남기는 것이다.
— 임상옥(조선 시대의 거상)

한국의 외식 소비자들은 까다롭기 마련이다. 소비자들을 비하하는 게 아니라 기본적으로 주위에 갈 곳이 너무 많기 때문이다. 그럼에도 경영자 입장에서는 그처럼 까다로운 소비자들을 대상으로 반복 구매를 유도하지 않으면 안정적인 수익을 기대하기 힘들다. 반복 구매의 전제 조건은 고객 만족도에 달렸다. 즉 까다로운 소비자들의 마음을 얻는 게 매출 향상의 첩경인 셈이다. 그렇다면 상권별 수요층에 따라 만족도를 느끼는 감도의 차이는 없을까? 성별, 연령대별, 계층별 고객이 느끼는 만족도의 결이 어떻게 다른지, 선수 창업자들은 그것을 파악하고 대처하는 데 뛰어난 감각을 지녔다고 할 수 있다.

원두커피 서비스에 감동하다, 한소반 쭈꾸미

서울 청계산 자락에 가면 줄서는 쭈꾸미 요리집의 원조 격인 '한소반 쭈꾸미'를 만날 수 있다. 주말이면 1인분 만 원짜리 쭈꾸미 세트를 먹으려는 강남, 분당 일대의 주부나 가족 단위 외식객들로 북새통을 이룬다. 이 음식점의 고객 만족 포인트는, 가격 대비 만족도 측면에서 가히 베스트라고 해도 과언이 아니다. 처음 자리에 앉아서 주문을 마치면 5분도 안 돼서 홍합이 곁들어진 푸짐한 샐러드 한 접시와 사각 도토리전이 서비스된다.

공기 좋은 청계산 자락에서 도토리전을 본 손님들은 막걸리를 주문하기도 하는데, 샐러드와 도토리전을 먹다 보면 메인 요리인 쭈꾸미와 푸짐한 묵사발, 그리고 개인별로 비벼 먹을 수 있는 무채와 큰 밥그릇이 서비스된다. 이렇게 먹고 나면 포만감을 느끼기에 충분하지만, 서비스는 여기서 끝이 아니다. 계산을 하고 밖으로 나와 커피 코너에 영수증을 제시하면 바리스타가 직접 내린 원두커피까지 예쁜 잔에 마실 수 있다. 이즈음이면 까다로운 주부 고객이라도 엄지손가락을 치켜세우며 만족도 100%라고 소리칠 법하다.

마지막 원두커피 서비스는 고객 서비스의 방점을 찍는 부분이다. 주택가 상권의 주부층은 입소문 전략의 첨병에 해당한다. 이들 소비층의 파급력은 오프라인뿐만 아니라 SNS 등 온라인에서도 위력을 떨친다. 특히 지인들의 추천 맛집은 빼놓지 않고 단골집 리스트에 올리는 특성이 있다. 이들의 만족도를 높이기 위해 마지막 디저트의 차별화까지 신경을 써야 하는 것이다.

쭈꾸미 한 상을 배불리 먹고 나서 한 잔에 2,000~4,000원 하는 커피를 공짜로 마실 수 있다는 점은 까다로운 주부층 고객들에게 희소식이 아닐 수 없다. 물론 이렇게까지 서비스하고 나면 남는 게 있느냐고 항변할 수 있다. 식재료 원가를 따지자면 50%를 훌쩍 넘길 수 있다. 저렴하게 파는 집의 유일한 생존 전략인 박리다매가 뒤따라주지 않으면

청계산 맛집으로 잘 알려진 한소반 쭈꾸미의 커피 서비스 카운터. 저렴한 가격에 비해 높은 소
비자 만족도를 제공하는 전략이 주효한 케이스라고 할 수 있다.

무용지물인 것이다. 하지만 실제 최근 수도권 외곽 상권까지 이러한 콘셉트는 빠르게 벤치마킹돼 번져나가고 있다. 당연히 신규로 오픈하는 음식점 입장에서는 또 한 번의 업그레이드 포인트까지 고민해야 하는 시점에 이르고 있다.

고객 만족도는
디테일에서 결정된다

요즘 오피스 상권의 직장인 수요층들은 온돌방 형태의 좌탁 테이블보다는 입식 테이블을 선호하는 수요가 압도적으로 많다. 10년 전만 하더라도 오피스 상권에서는 좌탁 테이블이 주류를 차지했다. 당시에는 방바닥에서 편하게 앉아 회식하는 라이프스타일이 당연한 것으로 받아들여졌다.

하지만 최근 오피스 상권에서 줄서는 음식점들의 특징 중 하나는 좌탁보다는 입식 테이블이 빠르게 늘고 있다는 사실이다. 이러한 현상은 소비자들이 그것을 원한다는 뜻인데, 이 같은 스타일 변화의 원천은 가정생활의 변화에 있다. 우리나라 사람들도 이제는 온돌방보다는 침대를 사용하는 경우가 급격하게 늘어났다. 집에서 식사를 할 때도 방바닥보다는 식탁에서 먹는 사람들이 훨씬 많다. 자연히 음식점 시설에 대한 니즈도 입식 테이블을 선호하는 쪽으로 바뀌게 된 것이다.

좌탁과 입식 테이블에 대한 소비자 만족도 조사를 해보면 이러한 현상의 원인이 확연히 드러난다. 먼저 남성 직장인의 경우 양복을 입고 방바닥에 앉을 때 바지가 구겨지는 것에 대한 부담감을 갖는 소비자가 많다. 게다가 요즘의 양복 스타일은 타이트하게 디자인돼서 의자가 아니라면 불편한 측면도 있다. 여성 직장인들 역시 방바닥에 앉으면 짧은 치마 때문에 불편하다는 인식이 강하다.

이는 주택가 상권의 음식점에서도 보편화된 문제 의식이다. 특히 나이 드신 어른들의 경우 관절염 때문에 방바닥보다는 테이블을 선호하는 수요층이 늘고 있다. 그래서 수도권 아파트 상권의 어느 줄서는 나물 전문점의 경우 온돌방임에도 불구하고, 테이블은 좌탁과 입식 테이블이 같이 놓여 있다. 고객들은 신발을 벗고 들어와서 집 안에서처럼 식탁에 앉아 먹는다.

참고로, 우리나라 평균 가족 구성은 이제 4인 가족이 기준은 아니다. 3인 가족, 2인 가족, 1인 가족으로 빠르게 재편되고 있는 것이다. 테이블 역시 이들 구성원 수를 염두에 두고 갖출 필요가 있다.

한편, 대학가 상권 신세대 수요층의 고객 만족도는 어떤 양상일까? 결론부터 얘기하면 소비자 특성에 따라 다양하게 표출된다고 할 수 있다. 남학생이 많은 대학가 음식점에서는 맛도 중요하지만 음식의 양이 중요하다는 목소리가 크게 들린다. 여학생이 많은 대학가에서는 예쁜 음식점을 선호하는 소비자 니즈가 크게 반영된다.

최근 신세대 상권 음식점들의 공통적인 분위기라면 카페 형태가 시장을 주도하고 있다는 점이다. 고깃집이든, 김밥집이든, 집밥 전문점이든 모두가 카페 형을 선호하는 소비자 니즈에 맞춰 비주얼에 신경 써야만 살아남을 수 있는 시대다.

다시 말해 혀끝의 만족도는 기본이고, 시각적인 만족도를 비롯한 오감 만족도까지 높여야만 된다는 얘기다. 시설 차별화는 투자 비용의 부담으로 이어질 수 있다. 그래서 신세대 상권에서는 투자 비용을 최소화하면서 만족도를 높이는 무기로서 주인과 직원의 '펀fun 서비스'를 강화하는 가게가 늘고 있다. 펀 마케팅의 소재도 다양화되는 추세다. 콘셉트 자체를 재미있는 음식점으로 설정하는 경우도 있고, 주인과 직원의 서비스 스타일을 재밌게 하는 방법, 음식점 상호부터 메뉴 이름까지 저절로 웃음 짓게 하는 방법 등 다양한 아이디어가 쏟아지고 있다.

고객 만족도는 디테일에서 결정된다. 맛의 차별화 하나로 승부를 거는 시대는 이미 지났다. 아주 작은 것까지 신경 써야 하는 '디테일 전략' 없이는 요즘 같은 경쟁 과열 시대에서 스테디셀러로 자리매김하기가 쉽지 않다. 우리 가게만의 고객 만족도를 높이는 디테일 포인트가 무엇일까를 늘 고민해야 하는 이유다.

음식점 주인이 행복한 가게, 용산 포대포

상권 여행을 하다보면 재미있는 사장님들을 만나곤 하는데, 상권 구석에 숨어있는 명물 가게를 만날 때면 가슴이 뿌듯하기까지 하다. 청파동 23년 터줏대감 포석광 대표의 '포대포'

도 그런 가게다. 포대포는 생각만 해도 웃음이 절로 나오는 고기 포차다. 서울 용산 청파동, 서부역과 남영역 사이의 허름한 모퉁이에 포대포가 자리 잡고 있다. 이곳은 아직도 '옛날'이 많이 남아있는 동네다. 강남이나 아파트숲 신도시에서는 절대 볼 수 없는 풍경이 오롯이 남아있다. 포석광 아빠 사장님과 아내, 그리고 딸 포나나 씨가 함께 운영하는 '포대포'는 자영업 경영의 참 가치를 보여주는 차원을 넘어 용산구의 보석 같은 가게가 아닐 수 없다.

유쾌한 아버지와 딸이 운영하는 포대포에서는 웃음소리가 끊이지 않는다. 포대포의 주인장은 올해 60대 포석광 대표로, 자칭 '껍데기 협회' 부회장이다. 회장님은 누구일까? 하늘나라로 가신 어머님이라고 말한다. 포대포의 또 다른 매력은 포 사장님의 마술 쇼다. 껍데기 안주에 입이 즐겁고, 향기로운 고기 향에 코가 즐겁다. 사람들의 경쾌한 표정에 눈이 즐겁고, 포 사장님의 유머러스한 서비스 멘트에 귀까지 즐거운, 오감 마케팅의 교과서 같은 가게가 바로 포대포다.

가게 평수는 4평, 드럼통 테이블도 달랑 5개가 전부다. 하지만 밖에서 느끼기에 볼거리가 정말 많아 보인다. 대체 저기는 무슨 가게일까?, 하는 호기심을 자극한다.

포대포가 문을 여는 시간은 오후 5시다. 문을 열자마자 포 대표는 분주하게 움직인다. 노란색 티에 까만색 반바지, 그리고 세련된 두건을 착용했다. 잘나가는 비보이를 보는 듯한 착각이 들기도 하는데, 다리에는 캐릭터 문신도 새겨져 있다.

예사롭지 않은 풍모다. 한편 부럽기도 하다. 나도 한번 과감하게 패

포대포 23년의 전통과 궤적이 4평 가게 안에 덕지덕지 묻어있다. 포대포에는 가게를 빛내는 두 미녀가 있는데, 원조 미녀는 포 사장님의 사모님이고 또 한 명은 그의 따님이다.

션 문신을 해볼까, 라는 상상을 하다가도 "니들은 나처럼 못할걸ㅋㅋ"이라는 사장님의 핀잔을 들을 것만 같다.

차림새만으로는 누구도 그를 60대라고 보지 않는다. 숯불은 담벼락에서 피우는데, 껍데기 대폿집에서 고기는 역시 숯불에 구워 먹어야 제맛이다. 하지만 손님상에 들어갈 숯불 피우는 일은 고깃집 운영에서 참 힘든 일이기도 하다. 여름날이면 땀방울이 비 오듯 쏟아진다. 드럼통 숯불구이는 IMF 시절에 가장 유행했으니, 포대포는 드럼통 숯불구이의 원조집인지도 모른다. 1993년부터 영업을 했기 때문이다.

포대포 벽면에는 23년의 자취가 가득하다. 주로 방송사 카메라가 다녀간 흔적들이다. 방송사가 주목한 이유가 뭘까? 뉴스 가치가 있다고 판단했기 때문이다. 큰 가게, 번듯한 가게가 주름잡고 있는 시대에 포대포는 아주 작고 초라해 보이기까지 하다. 하지만, 우리들의 추억이 차곡차곡 스며있는 소박한 고깃집이다. 지난 세월과 함께해온 보통 사람들의 삶의 공간이라는 얘기다. 또한, 방송사 카메라가 주목한 것은 비단 껍데기와 소금구이 맛의 감동 때문만이 아니다. 포대포에는 그 맛을 재미있게 연출하는 '미녀와 야수'가 있다.

필자가 보기에 포대포의 경영 철학은 '멋스럽고 재미있게 살자'다. 영업시간은 오후 5시에서 11시, 하루 6시간 근무가 전부고 주 5일간 일한다. 공무원처럼 토일, 그리고 모든 공휴일에는 쉰다. 여름휴가는 여차하면 한 달을 간다고도 한다. 올해도 홍콩과 마카오 여행을 이미 예매해 놓았다고 한다. 아름다운 모습이 아닐 수 없다.

메뉴판 또한 심플하다. 껍데기와 소금구이, 이 2가지 메뉴처럼 보이지만 사실은 한 가지 메뉴만을 판다. 모든 테이블에서 섞어 메뉴를 주문하기 때문이다. 술은 오로지 소주, 이곳에서는 아직도 3,000원을 고집하고 있다. 포대포의 고기 맛은 포 사장님이 직접 굽는 초벌구이에 있다고 해도 과언이 아니다. 초벌구이는 포 사장님만의 특제 소스에 담갔다가 숯불 위에서 익히는데, 맛의 비결을 물어봤더니 그냥 좋은 재료를 쓰기 때문이라며 너털웃음을 짓는다.

밑반찬으로는 새하얀 양배추와 양파, 고추장과 마늘, 와사비 넣은 간장이 전부다. 고깃집에서 볼 수 있는 그 흔한 된장국 하나 서비스되지 않는다. 그런데도 사람들은 포대포의 고기 맛과 술맛에 감탄한다. "처음 온 사람들은 야채를 더 달라고 하는데, 우리는 야채라고 부르지 않아. 그냥 풀 달라고 하지."라며 포 사장님이 농담을 건네고, 가게 안에는 웃음꽃이 활짝 피어오른다.

포대포에는 단골에게만 선물하는 특별한 술이 있다. 다름 아닌 '17년산 소주'다. 포 대표가 일반 소주병에 매직으로 17이라고 크게 새겨 놓은 소주인데, 이렇듯 소주 한 병으로도 이곳을 찾는 손님들을 즐겁게 해준다. 펀 마케팅의 일환이라고 할 수 있다. 더욱이 소주잔이 몇 순배 돌았을 때 시작되는 포 사장님의 마술 쇼야말로 압권이다. 그의 표정은 마술사 이은결의 포스 이상으로 진지하고 기품이 넘쳐난다. 마술 솜씨도 초보가 아니다. 손님들은 술을 마시다 말고 포 사장님의 마술 쇼에 흠뻑 취하기 일쑤다.

포석광 대표의 경영 철학도 예사롭지 않다. 무엇보다 창업자 스스로 행복한 모습을 연출하는 게 깊은 인상을 남긴다. 내가 즐겁지 않으면 나를 찾아오는 손님이 즐겁게 머물 수도 없다는 것이다.

　요즘 시대는 생계를 위해 어쩔 수 없이 식당을 운영하는 분들이 많다. 그들은 얼굴에 힘들다는 표정이 역력한 경우가 적지 않은데, 포 사장님은 본인 스스로가 즐겁고 보는 이 또한 즐겁다. 포대포는 사업성 측면에서도 큰 의미가 있다. 4평 손바닥 가게에서 단일 메뉴로 승부하는 법을 보여주기 때문이다. 그 이전에 스스로 행복한 가게 경영이야말로 창업자들이 가슴에 새겨야 할 또 하나의 가치가 아닐까. ♣

04
새롭지 않으면
주목받지 못한다

;내 가게만의
경쟁력을 갖춰라

할 수 있다고 생각하는 사람도 옳고,
할 수 없다고 생각하는 사람도 옳다.
그가 생각하는 대로 되기 때문이다.
— 헨리 포드

한국의 외식객들은 갈 곳이 너무 많다. 5,000만 소비자 대비 음식점 수는 무려 70만 개에 달한다. 대략 인구 70여 명 당 1개의 음식점이 영업을 하고 있는 것이다. 이웃나라 일본을 보면 인구 1억 2,700만 명 대비 음식점 수는 우리나라와 비슷한 74만 개 정도다. 우리나라 음식점 경영자들이 일본 경영자들에 비해 훨씬 경쟁이 치열한 시장에서 고군분투하고 있다는 방증이다.

그렇다면 한국에서 영업 중인 70만 개의 음식점 수에 개별 음식점의 연간 매출을 곱한 값인 한국 외식업의 시장 규모는 얼마나 될까? 최근 한국 외식업의 시장 규모는 60조원 정도로 업계에서 추산하고 있다. 이것을 70만 음식점으로 나누면 1개 음식점의 연평균 매출액은 8,500만원 수준, 월 매출액으로 보자면 700만원 남짓이다. 매출액 대비 순이익율을 20%로 계산하면 월 150만원 벌이가 안 되는 음식점이 수두룩하다는 얘기다. 이러한 시장 데이터는 음식점 경영자들의 한숨을 내쉬게는 해도 5,000만 식객에게는 너무 즐거운 수치일 수 있다. 주변에 고를 음식점이 너무 많다는 뜻이기 때문이다. 소비자 입장에서는 아홉 번 방문했던 단골 음식점일지라도 한 번 마음에 들지 않으면 바로 새로운 음식점을 찾는다. 마음에 안 드는 음식점을 포털 사이트에서 돌덩이 5개라고 조롱해도 음식점 사장들은 방어할 방법이 요원하다. 때문에 음식점 경영자 입장에서는 어떻게든 새로운 구매 가치 만들기, 새로운 뉴스 만들기에 신경을 쓸 수밖에 없다.

홍대 상권에서 찾은
'새로움 코드'

홍대 상권에 나가면 볼거리가 참 많다. 새로운 창업 아이템을 찾는 것도 재미있지만, 번득이는 아이디어로 고객몰이를 하는 업소들도 심심찮게 만나볼 수 있다. 그래서 공정위에 등록된 4,500여 개의 프랜차이즈 브랜드 관계자들에게 홍대 상권은 신규 아이템을 찾아내는 아이디어 장터가 되기도 한다. 일전에 홍대 골목에서 재미있는 카페를 한 곳 발견했다. 퓨전 일식 주점 반지하에 문을 연 '퍼스트 아일랜드'라는 이색 카페다.

이곳은 수요층을 제한하는 파격을 연출한다. 남성 고객만 이 카페를 찾는 것은 주인이 반기지 않는다. 반드시 여성 한 명 이상을 동반해야 입장이 가능하다. 왜일까? 카페 안으로 들어가면 노출 천정 인테리어에, 화이트톤의 아기자기한 분위기가 이채롭다. 내가 갔을 때는 아주 잘생긴 꽁지머리의 젊은 매니저 분이 고객을 맞았다. 메뉴는 커피뿐 아니라 외국 브랜드 생맥주는 기본, 보드카에 와인, 칵테일까지 갖췄다. 안주류도 재미있다. 프랑스 스타일의 어니언 수프와 흰살 생선회, 코코넛 크림이 들어간 씨푸드 샐러드, 생선 소스를 곁들인 스테이크, 치즈 콜렉션

퍼스트 아일랜드 실내 모습. 가게 구석마다 비치된 다양한 소품이 눈길을 끄는 데다가 카운터 너머 수족관에는 약 1m 길이의 악어가 살고 있다.

까지 2030 여성 고객의 감수성을 자극하고 있다. 가격도 1~2만원대로 그다지 비싸지 않다.

놀라운 일은, 차나 술안주를 시켜놓고 바닥을 바라보고 있으면 기이한 동물이 기어 다녀 소스라치게 된다. 다름 아닌 60센티미터 가량의 사막거북이다. 사막거북이가 엉금엉금 바닥을 기며 고객에게 일일이 인사를 하는 듯하다. 여기에 젊은 고객들은 반색하며 등을 만져보거나 스마트폰으로 사진을 찍느라 여념이 없다. 더 재미있는 것은, 매장 한쪽 수족관에 있는 작은 악어다. 아프리카 정글에서나 볼 수 있을 것 같은 악어가 미꾸라지를 무섭게 먹어치우며 야생성을 과시한다. 이 역시 카페를 찾는 손님에게는 신기한 볼거리가 아닐 수 없다.

이 카페의 주인은 30대 후반의 안우섭 대표이다. 안 대표는 악어와 사막거북이 키우기가 취미다. 자신의 취미를 카페 운영에 접목시켜 고객몰이를 하는 것이다. 카운터 옆 벽면에는 다양한 액세서리도 장식돼 있다. 목걸이는 물론 귀걸이, 예쁜 팔찌 같은 쥬얼리 제품이 여성 고객들에게 손짓한다. 이른바 쥬얼리 카페를 연출하고 있는 셈이다. 음식이 맛있고, 쥬얼리 쇼핑까지 할 수 있는 공간이다. 입구에 들어설 때 남성만의 입장은 불가하다는 이유를 알게 된다. 함께 간 여성은 카페를 나오는 길에 각양각색의 쥬얼리 제품에 눈길을 주게 되고, 자연스럽게 남자는 여자친구에게 쥬얼리 제품을 선물해야만 할 것 같은 분위기다. 커피만으로는 월 임대료 내기도 힘들다는 홍대 상권에서 발견한, 퍼스트 아일랜드만의 '새로움 코드'라고 할 수 있다.

음식점 하드웨어에
새로움의 옷을 입혀라

소비자들은 늘 새로움을 원한다. 새로움을 원하는 그들에게 첫 번째로 필요한 코드는 하드웨어의 새로움이다. 특히 맛은 있는데 매출 부진을 겪고 있는 음식점이라면 제일 먼저 생각해야 할 것이 새로운 하드웨어다. 음식점 하드웨어의 변경은 매장 익스테리어(외장)에서 찾을 수 있다. 부진한 매출에서 간판 디자인만 바꿨는데 매출 상승으로 이어진 가게 사례는 많다. 특히 인테리어보다 가게 밖에서 보이는 익스테리어의 경쟁력 만들기가 중요하다.

익스테리어의 시작은 전면 간판의 디자인 경쟁력이다. 유명 제과업체들이 3년만 지나도 간판 디자인은 물론 가게 디자인 콘셉트를 새롭게 잡는 이유가 있다. 프랜차이즈 업체들이 인테리어로 돈을 벌려고 한다고 볼멘소리를 하는 경우도 있지만, 3년에 한 번 정도는 가게의 컬러 수정을 통해 지속적으로 시장 지배력을 유지할 수 있다는 판단 또한 큰 이유를 차지한다.

최근 새로운 간판 만들기의 디자인 툴은 캘리그래피가 대세라고 해도 과언이 아니다. 획일적인 컴퓨터 서체를 이용해 간판을 만들기보다는 해당 음식점의 이미지를 부각시킬 수 있는 캘리그래피 사인 디자인이 소비자에게 좋은 반응을 보이고 있다. 매출 부진을 겪는 음식점이라면 우리 음식점만의 캘리그래피로 상호 디자인을 하고, 간판 천갈이라도 해본다면 매출 회복의 계기가 될 수도 있다.

하드웨어의 두 번째 새로움은 내부 인테리어 및 디스플레이에서 찾아볼 수 있다. 매출이 부진한 음식점이라면 재투자 비용을 들이면서까지 시설을 전면 개보수하기가 쉽지는 않다. 때문에 의자 탁자의 컬러만이라도 바꾸고, 매장 내부에 새로운 것들을 부착하다 보면 소비자에게 신선한 이미지를 연출할 수 있다. 최근엔 규모 있는 음식점이 아니더라도 새로운 이미지 연출을 위해 계절마다 매장 디스플레이를 바꾸는 가게도 늘고 있다. 그런데 디스플레이 용품은 어디에서 저렴하게 구매할 수 있을까? 인테리어 소품과 관련해 국내의 가장 큰 시장은 서울 반포 지하상가로 알려져 있다. 각종 인테리어 소품은 물론 도자기, 조화, 사진 액자, 민속공예품 등등 다양한 소품들을 볼 수 있다.

고객에게 새로움을 주는 요소로는 식기와 조명도 빼놓을 수 없다. 특히 그릇은 어디에 음식을 담느냐에 따라 소비자의 만족도가 천양지차로 달라진다. 새로움을 추구하는 가게라면 1년에 한 번쯤은 과감하게 새로운 디자인으로 식기를 업그레이드할 필요가 있다. 식기 전체를 바꾸기가 부담된다면 물컵이라도 새로운 트렌드의 물건으로 교체해보자. 고객 만족도가 반드시 높아질 거라 확신한다. 매장 내외부의 조명도 새로움을 연출하는 중요한 도구다. 비싸지 않더라도 다양하게 궁리한다면 색다른 분위기를 연출할 수 있다.

한편 홍대 상권에서는 모바일 마케팅 전쟁이 한창이다. 홍대를 찾는 고객들이 만남의 장소를 정할 때 가장 많이 이용하는 것은 역시 스마트폰이다. 스마트폰으로 포털 사이트에서 '홍대 맛집'이라고 검색했을 때 블로그 검색 순위 10위 안에 들게 하는 것이 관건이다. 일반인 블로거를 통해 10위 안에 들 수 있다면 아주 고마운 일이지만 현실적으로 불가능한 일일 수 있다. 홍대에서 영업하는 음식점 사장들은 블로그 검색 순위 10위 안에 들기 위해 한 달에 100~200만원의 마케팅 비용을 지불하기도 한다. 실제로 블로그 마케팅 비용을 지불하고 영업했을 때와 그렇지 않았을 때의 매출액은 현격한 차이를 보인다고 한다. 비단 홍대 상권이 아니더라도 인터넷에서 '○○ 맛집'이라고 지역명 뒤에 '맛집'을 붙여 검색해서 노출되는지를 꼭 확인할 필요가 있다.

음식점이 맛만 있다고 대박을 치는 시대는 지났다. 맛은 기본이다. 음식점 선택 폭이 유난히 넓은 한국에서 소비자들은 맛도 있지만 특별한 '무엇'이 있는 음식점을 선호하기 마련이다. 그런 측면에서 컨버전스(융복합) 트렌드는 중요하다. 그 집은 음식 맛도 괜찮지만, 놀이 도구가 있어서 아이들이 너무 좋아한다든지, 음식 맛도 괜찮지만 사장님이 개그맨 뺨칠 정도로 재미있다든지, 맛도 괜찮지만 그 집은 7,000원짜리 음식을 시키면 2만원짜리 음식을 먹는 것 같은 품격이 있다든지 등의 다양한 플러스알파 경쟁력이 음식점의 성패를 결정하는 시대다.

마케팅이 돋보이는
삼겹살집의 교과서, 하남張돼지

음식점 경영에서 새로움을 추구한다고 해서 남들이 흉내 내기 어려울 만큼 전혀 독특한 무언가를 갖춰야 한다

하남張돼지의 내부 풍경. 돌 불판 위에 스텐레스 그릇을 놓아 고기가 타지 않도록 하고, 직원이
초벌구이를 해서 맛있게 구워 주는 등 디테일한 서비스에 만전을 기한다는 점이 인상적이다.

는 의미는 아니다. 새로움의 핵심은 '우리 가게만의 그 무엇'이고, 이것이 고객 입장에서는 '그 가게에 가면 이렇더라'는 인상과 입소문으로 연결되는 것이다. 예컨대 숱한 삼겹살집이 있는 가운데 '하남張돼지'는 나름의 새로움과 경쟁력으로 승승장구하고 있다.

하남돼지집은 삼겹살 프랜차이즈인데, 마구잡이로 매장 늘리기만 하는 기획형 프랜차이즈와는 거리가 멀다. 이곳의 장보환 대표가 삼겹살 업계에 입문한 것은 2010년 6월로, 하남 상권 중하급지 보증금 2,000만원에 월세 100만원, 12평 매장이었다. 상품 경쟁력은 기본, 서비스 경쟁력을 무기로 첫 달 매출 7,000만원의 기염을 토한 이후 본격적인 사업 확장에 나서 강서구청점을 필두로 4년만에 80개 가맹점을 운영 중에 있다. 가맹점 당 월 매출액이 7,000만원에 달한다고 하니 놀라운 성과가 아닐 수 없다. 하남돼지집이 5년도 안 되는 세월 동안 무려 145개 가맹점을 확보해 연매출 600억원 이상의 신화를 기록한 데에는 몇 가지 경쟁력이 숨어있다.

첫째, 하남돼지집 가맹점이 되려면 본사의 문턱이 높다. 아무나 창업시키지 않는다는 것이다. 먼저 창업자의 나이를 30~45세로 제한한다고 한다. 가장 활기찬 서비스를 구현하기 위해서라고 장 대표는 말한다. 또한 점주가 되기 위한 교육 기간도 2개월에 달한다.

둘째, 삼겹살집이라는 가장 보편적인 아이템에 각을 세웠다는 점이다. 하남돼지집의 돼지는 100% 국내산 한돈만을 사용한다. 수입산 돼지고기를 사용하는 프랜차이즈가 대부분인 가운데 하남돼지집은 한돈 자조금관리위원회에서 유일하게 인증하는 한돈 판매점이기도 하다. 또

다음 생은 또 다시 돼지로 태어나 영광의 이슬로 사라지지 않기를
이 맛을 주기위해 대한민국 ○○○○에서 6개월간 그토록 치열하고 ○○○
너와 최고급 참숯에 만들어 놓은 이 맛을 대한민국 최고의 ○○○○

장 대표가 직접 지은 하남 돼지들을 위한 헌시. 단순히 마케팅 차원을 넘어 직화구이 맛에 대한 그의 자신감이 배어있다.

한 매장에는 참숯 직화 초벌구이를 해서 내오는 시스템이 갖춰져 있고, 돌 불판 위 모서리에는 작은 스텐레스 그릇이 놓여 있다. 고깃집에서 고객의 큰 불만 중 하나는 고기가 타는 것에 대한 성가심인데, 이 그릇에 익은 고기를 올려 태우지 않고도 식지 않은 고기를 계속 먹을 수 있는 디테일을 구현한 것이다.

셋째, 하남돼지의 또 다른 경쟁력은 장 대표의 디테일한 마케터 능력이다. 하남돼지 매장 벽에는 하남 돼지들을 위한 장 대표의 헌시가 걸려 있다. 스토리텔링의 우수 사례라 할 수 있다. ♣

다음 생은 또다시 돼지로 태어나
업장의 이슬로 사라지지 않기를
이 맛을 주기 위해 대한민국 땅에서
6개월간 그토록 치열하고 꼿꼿하게 살아왔구나.
너와 최고급 참숯이 만들어놓은 이 맛을
대한민국 최고의 명품으로 오랫동안 기억하리오.

05

음식점의
맛과 재미,
무엇이 더 중요할까?

;손님이 즐거운 가게 만들기

장사란 손님을 기쁘게 해주는 일이다.
이를 게을리해서는 안 된다.
— 다치기 게이쇼

대한민국의 자영업 사장님들은 외롭다. 경기 불황에 세월호나 메르스 같은 악재가 더해져 매출이 형편없이 줄어든 가게가 많지만 어디에 하소연할 곳마저 없다. 사정이 이런데도 각 상권에는 대형자본과 결합된 큰 매장들이 번듯한 시설을 앞세우며 하루가 멀다 하고 생겨난다. 이들 대형 체인 브랜드는 경기의 호불황에 상관없이 시장 점유율을 높이고자 혈안이다. 그러니 경기가 어떻든 매장 계약기간이 만료되면 어김없이 임대료 인상을 기정사실로 받아들여야 한다. 덩달아 전국의 대형 상권일수록 폐업률은 높아만 가고 있다. 점포 거래가 절대 목적인 기획형 부동산 업체에서는 작금의 불황이 호재라도 되는 듯 점포 임대가와 권리금 시세가 최고점을 찍었다고 언론에 얄팍한 정보를 흘리면서 고객 몰이를 한다. 그들만의 영업 수단인지도 모른다.

　　문제는 이러한 자영업 시장의 불황이 당장에 뾰족한 수가 보이지 않는다는 사실이다. 한편으로는 이 와중에도 매출 걱정 없이 큰 수익을 내는 가게들이 분명 존재한다. 그들은 어떻게 해서 이 같은 불황기에 그처럼 끄떡없는 알짜 가게를 만들어낼 수 있을까? 그 비결 중 까다로운 대한민국 소비자, 선택의 폭이 넓은 소비자들을 위해서는 손님의 입에서 입으로 전해지는 뉴스거리가 필요하다. 소비자의 마음을 즐겁게 하는 '펀 마케팅'이 절실한 이유이기도 하다.

주인이 개그맨이 되는
음식점도 있다

IMF 시절인 1997년 말에서 1999년까지는 대표적인 불황기였다. 그런데 재미있는 것은, 20년 이상 음식점을 운영해온 사장님들을 만나서 언제 가장 많은 돈을 벌었느냐고 물어보면 아이러니하게도 그 어렵던 IMF 시절에 벌었다고 대답하는 경우를 자주 만나곤 한다.

그중의 한 분은 당시 모 방송사의 〈신장개업〉이라는 프로그램을 컨설팅하면서 '한국 외식업의 서비스 교과서'라고 명명했던 한경길 대표이다. 한 대표는 IMF 시절 서울 강북구청 앞 수유 상권에서 닭갈비집을 운영하고 있었다. 대박의 비법은 다름 아닌 음식 맛과 함께 한 대표의 펀 경영이 포인트였다. 한 대표는 한 번 온 고객을 재방문하게 하는 것이 최고의 영업 전략이라고 늘 얘기했다. 그 방법은 의외로 간단했다.

"주인과 직원은 고객에게 최고의 음식 외에도 플러스알파가 되는 즐거움을 만들어내야 하지요. 개그맨만 개그하란 법 있나요?"

그의 매장은 외식업 경영에서 펀 마케팅을 가장 적극적으로 활용했던 케이스 중 하나였다. 당시 한 대표의 닭갈비집에 방문하는 고객들의 반응은 한결같았다. '그 닭갈비집에 가면 맛도 있지만, 너~무 재밌어요'라는 반응이었다. 직원들의 복장부터가 남달랐다. 때로는 병원 환자복을, 때로는 삐에로 복장과 컬러풀한 가발을 써서 고객의 시선을 주목시키기도 했다. 또 직원들의 가슴에는 나이트클럽의 웨이터 명찰을 흉내 낸 재미있는 이름을 달아 고객의 입가에 미소를 짓게 했다. 복명복창은 기본, 손님들과의 즐거운 대화를 위해 직원들에게 커뮤니케이션 스킬을 교육시키기도 했다. 한 대표는 이러한 편 경영의 성과로 8개 직영 음식점을 운영할 수 있었으며, 소위 부자 반열에 명함을 내밀 수도 있었다고 여겨진다.

한편 서울 신사역 상권에서 삼겹살집을 운영하는 어느 사장은 음식점을 찾는 모든 직장인 고객들의 이름과 직함까지 기억해 고객 만족도를 높였던 사례도 있다. 음식점을 운영하며 고객의 이름을 기억하는 것은 거의 불가능에 가깝다. 하지만 매장을 찾는 단골 고객들만이라도 기억해 서비스를 해준다면 만족도는 당연히 배가될 수밖에 없다.

신사역 상권은 30~40대 남성 직장인과 20~30대 여성 직장인이 가장 많은 전형적인 오피스 상권이다. 점심 식사 손님들을 저녁 시간대 술 한잔 고객으로 연결시킬 수 있느냐가 오피스 상권에서 영업하는 음식점 사장들의 최대 고민이다. 당시 그 사장은 음식점을 처음 방문한 고객들에게 일일이 머리를 조아리면서 명함을 수집했다. 이때 명함 뒷면에는 고객의 인상착의나 기억하기 쉽도록 해당 고객의 간단한 특징을 기록했다.

그래서 손님이 두 번째로 매장을 방문할 때면 "아! 김 부장님. 또 찾아주셨네요.", "이 과장님. 반갑습니다."라는 식으로 직함까지 부르며 반기곤 했다. 여기에 고객들의 반응은 다들 어깨를 으쓱하고 목에 힘을 주며 식당을 드나들었던 것으로 기억한다. 이렇듯 단골 고객만이라도 이름과 직함을 부르며 서비스를 한다면 고객 입장에서는 '내가 특별하게 대접받을 수 있는 음식점'으로 기억되게 마련이다. 그는 바로 이 점을 의도한 것이다.

주인이 즐거워야
고객도 즐겁다

한국의 요즘 소비자들은 맛 그 이상을 원한다. 맛이 있어야 하는 것은 기본이고, 재밌는 음식점에 열광하는 시대다. 최근 어느 신세대 상권에서 점포 외벽에 주인이 정성스럽게 요리하는 모습의 사진을 배경으로 그의 인생 스토리를 재미있게 적은 플래카드를 본 적이 있다. 이제는 가게 주인이 예전에 무슨 일을 했던 사람인지도 궁금해하는 세상이다.

경북 안동에서 벙어리찰떡집을 운영하는 배재한 대표의 경우 홈페이지에 '3대에 걸쳐 90년 동안 찹쌀떡 만들기만 열중해온 집안'이라고 홍보하고 있다. 또 어느 화로구이 브랜드에서는 '전남 영광에 가면 영월 신씨 500년 종가가 있고, 우리 화로구이에는 500년 종가의 그 불씨가 그대로 살아 숨 쉬고 있다'는 얘기가 깨알같이 적혀 있다. 사실 여부는 따지지 않는다. 소비자 입장에서는 그런 이야기를 통해 제대로 하는 음식점이라는 이미지를 갖게 되는 것으로 충분하다.

이러한 홍보 방법을 전문 용어로는 스토리텔링storytelling이라고 한다. 미래학자 롤프 옌센은 '21세기에 부를 창조하는 원천은 소비자의 상상력, 호기심, 감성을 자극하는 스토리텔링에 있다'고 역설한 바 있다. 스토리텔링에서 '스토리'가 꼭 사실일 필요는 없다. 재미있으면 그만이다. 재미있는 이야기는 비단 주인의 사연과 음식 이야기에 국한되지 않는다. 우리 음식점만의 서비스 이야기, 그릇 이야기, 직원 이야기, 테이블 이야기 등등의 스토리를 잘 정리해 마케팅 툴로 활용해봄직하다. 소비자의 즐거움은 곧 단골 고객의 증가로 이어진다.

스토리텔링이라고 해서 어렵게 생각할 필요는 없다. 고객 입장에서 기억하기 쉽고, 입가에 미소를 머금게 하는 이야깃거리라면 충분하다. 사소한 이야기라도 상관없다. 예를 들어, 일전에 서울역 앞을 지나다가 재미있는 간판을 본 적이 있다. '노랑 통닭'이라는 흔하디흔한 통닭 브랜드 중 하나다.

가게 전면의 간판 상호 아래에 전화번호가 '순간이동 711-0797'이라고 눈에 잘 띄게 적혀 있었다. 배달 전화를 '순간이동'이라고 표기한 것이 인상적이었다. 그런데 상호는 어째서 노랑 통닭일까? 어릴 적 아버지가 퇴근길에 사오시던 노랑 봉투의 통닭을 뜻한다고 했다.

게다가 매장 안에는 큼직한 현수막에 '노랑 통닭은 옛날 시장 통닭 그대로 무쇠 가마솥에 100% 식물성 기름으로 정성스럽게 만든 통닭입니다.'라고 걸려 있고, 직원 유니폼에는 영어로 SIDABARI(시다바리)라고 새겨져 있다. 직원들은 명찰도 달고 있었는데, 각각 '동네 오빠', '쉬운 오빠' 등등이다. 직원 모집 광고도 참 재미있었다. 여직원은 면접 하나로 끝이지만, 남자는 1차 닭 해부, 2차 오토바이 레이스, 3차 적성검사, 4차 면접이라는 식이다. 사실 치킨 맛이야 거기서 거기일지도 모른다. 하지만 맛 이전에 이러한 요소들이 손님들의 입가에 미소를 머금게 해주는 하나의 장치가 되는 것이다.

서울 강남 오피스 상권에 가면 늘 해맑은 미소로 고객맞이를 하는 50대 국밥집 여사장님을 만날 수 있다. 최근 이분을 만났더니 난데없이 보이차의 매력에 빠졌다고 하면서 차 한 잔을 권했다. 차를 나누며 이런 저런 얘기를 하던 중 기막힌 사연을 알게 되었다. 세상의 근심걱정이라곤 전혀 찾아볼 수 없었던 사장님의 가정환경을 듣고는 깜짝 놀라지 않을 수 없었다. 하나뿐인 딸이 있는데 몇 년째 일산 암 센터에 입원중이며, 게다가 남편은 산행 중에 허리를 다쳐 바깥출입을 못하고 있다는 것이었다. 그럼에도 불구하고 그는 가게에 나오는 순간 복잡한 가정사를 얼굴에 내보일 필요는 없다고 말했다. 고객은 늘 웃고 있는 여사장을 보며 활기를 서비스받고 있으며, 기분 좋은 음식점으로 기억해 반복 방문을 하는 것이었다.

불황기에 유독 성공하는 음식점 사장들은 하나같이 경영을 즐기고 있다는 생각이 든다. 스스로 즐기는 사이에 경영자의 매력지수가 높아지며 팬이 되는 고객 수도 급격하게 늘어난다. 꼼꼼한 팬 마케팅이야말로 돈 안 들이고도 불황기를 헤쳐 나가는 중요한 무기가 된다는 사실을 기억할 필요가 있다.

천호동의 7평 회바가
늘 붐비는 까닭

강동구의 천호사거리 이마트 맞은편 대로에는 '미니 회바bar'라는 간판을 단 7평 작은 가게가 있다. 이곳의 주인장은 60대 중반인 최병호 대표로 나는 90년대 중반에 그를 처음 만났다. 당시 미니 회바는 천호 상권을 대표하는 부동산중개업소였는데, 천호 상권이 개발되면서 최 대표는 업종을 변경해 회 포차를 오픈했다. 그때의 상호는 '해물나라 구이마을'로 기억한다.

천호 상권에 대한 시장조사 때문에 뵙게 된 인연으로 '미니 회바'라는 상호를 추천해드렸고, 이후 미니 회바는 천호 상권을 지키는 터줏대감이 되었다. 비록 작은 가게지만 하루 매출액은 100만원을 넘나든다. 그만큼 단골 고객이 많았고, 신규 고객도 꾸준히 늘어나는 가게다.

회바를 연 최 대표는 회 뜨는 것부터 시작해 일식 조리장에게 처음 요리를 배웠다. 애당초 음식과 조리 근처에도 가보지 않았던 경력이었지만, 조리장에게 착실히 기본적인 요리를 배우면서 미니 회바의 역사가 시작되었다고 볼 수 있다. 20년 가까운 내공이 있는 만큼 언론에도 많이 소개되었는데, SBS 〈생활의 달인〉 숙성회의 달인 편에 소개되면서 찾아오는 손님들이 부쩍 늘었다고 한다.

부동산중개업소 사장에서 횟집 사장이 되기까지 많은 노력이 있었을 테지만, 그의 성공 비결은 손님을 즐겁게 해주려는 마음가짐에 있다고 생각한다. 60대 중반의 나이지만 지금도 얼굴엔 늘 미소를 만들어내

7평 매장의 미니 회바 전경. 이곳 최병호 대표의 가장 큰 경쟁력은 고객 친화력이라고 할 수 있는데, 그의 가게는 작은 가게가 큰 가게를 이기는 이유를 여실히 보여준다.

는 친근감이 최병호 대표의 첫 번째 매력이다. 그는 언젠가 내게 이렇게 말했다.

"전 20대가 우리 가게에 오면 20대와 가장 빨리 친구가 될 수 있고, 40대나 60대가 매장에 처음 들어와도 가장 먼저 친구가 될 수 있어요."

포차의 주인은 손님들과 부담 없이 친구가 될 수 있어야 한다는 요지였는데, 창업자라면 반드시 기억해야 할 덕목이 아닐까 싶다.

미니 회바에 들어가면 우측과 후면 벽을 장식하고 있는 수많은 산사춘 병을 만날 수 있다. 많고 많은 병 중에 어째서 산사춘 빈 병이 저렇게 많이 놓여 있을까 궁금증을 자아내는데, 이 산사춘 병 하나하나에는 미니 회바의 1등 고객들 이름이 새겨져 있다. 단골 고객들에게는 자기 이름이 여기에 등재돼 있다는 것 자체가 뿌듯한 자부심이자, 충성 고객의 징표이다. 매장이 작아서 공간이 부족한 관계로 급기야 산사춘 병 위에 이름을 써붙이는 단골 고객이 늘어났고, 가리비 껍데기에 또박또박 이름을 새기는 경우도 많아졌다. 요즘엔 모든 고객들의 이름을 새겨주지 못하는 것을 최 대표는 미안해한다. 다소 고전적인 방식이기는 해도 작은 가게의 가장 친근한 고객 관리법이 아닌가 한다.

그리고 회바 우측 벽면에는 특이한 현판이 걸려 있다. 거기에는 '사랑의 우체국'이라는 글씨가 쓰여 있는데, 최 대표에게 물어봤더니 "제가 사랑의 우체국장입니다."라는 대답이 돌아왔다. 회바를 찾는 단골 고객 중 한 달에 2만원 이상 기부하는 분들을 모아 인근 교육청을 통해 소년 소녀가장 돕기를 실천하는 것이었다. 7평 가게에서 할 수 있는 최고의 CSR(기업의 사회적 책임) 사례라는 생각이 든다. 결국 이것 때문에 인터넷에

한쪽 벽면을 가득 채운 산사춘 병과 조개껍데기. 단골 고객의 상징이면서, 손님에 대해 고마워하는 가게 주인의 마음을 엿볼 수 있다.

많이 알려지기도 했다.

초창기 미니 회바의 콘셉트는 '1인 고객 우대 회 포차'였다. 당시의 슬로건은 '혼자서도 즐겁고, 둘이서는 더 즐거운'이라는 표어가 붙었던 것으로 기억되는데, 1인분에 1만원짜리 숙성회 한 접시를 시켜놓고 소주 한잔 하세요, 라는 취지였다. 그 전통이 지금도 살아있어서 1인분 회 가격은 1만원, 15,000원, 20,000원 등으로 나뉜다.

최근에 최병호 대표는 회를 올리는 접시를 특허출원했다며 은근히 자랑이다. 이 접시에 회를 올려놓으면 얼음 위에 회를 올려놓은 것처럼 늘 회가 신선하다고 한다. 전원이 연결되지 않은 상태에서도 차가운 접시를 유지하는 게 핵심이다. 천호 상권 터줏대감 최병호 대표의 미니회바는 작년부터 대물림을 이어가고 있기도 하다. 최 대표도 매장을 지키지만, 요즘은 최 대표의 아들이 직접 매장을 운영하는 대물림 가게로 변신하고 있는 것이다. 이처럼 작은 가게도 대를 잇는 가게의 좋은 모델이 되고 있는데, 그에게는 7평 작은 가게가 생계 수단을 넘어 삶의 보람과 행복의 원천인 셈이다. ♣

06
나의 상품화가 성공 창업의 지름길이다

; 창업 주체의
 경쟁력 높이기

언제나 위기는 나 자신이다.
— 셰익스피어

'무슨 사업을 해야 할까?'

창업을 준비하면서 가장 먼저 떠오르는 생각이다. 하지만 창업 예정자들에게 그보다는 '어떻게 팔 것인가?'를 먼저 고민하는 것이 정답이라고 말하고 싶다. 대부분의 초보 창업자들이 나의 경쟁력은 도외시한 채 외부적인 성공 변수만을 채우기에 급급해한다. 내게 맞는 아이템만 잘 잡으면 성공할 수 있겠지, 또는 점포 목만 잘 잡으면 성공할 수 있겠지, 하고 막연히 생각하는 창업자들이 많다. 하지만 창업의 성공과 실패 변수를 분석해보면 아이템 경쟁력, 상권 입지 경쟁력, 기타 운영 관리의 경쟁력 중에서 창업하는 당사자의 경쟁력, 즉 창업 주체 경쟁력이 가장 큰 변수로 작용한다는 사실을 알 수 있다.

창업 주체의 경쟁력을 높이는 방법에는 어떤 게 있을까? 가장 먼저 스스로를 상품화하는 것을 고민해야 한다. 창업의 기본은 '나의 상품화'에서부터 시작된다. 예를 들어 일산 백석동 주택가 상권 이면도로에는 '쌍뚜스'라는 커피&호프집이 있다. 커피&호프라는 아이템 콘셉트 자체는 다소 진부하지만, 이 일대 상권에서 장사가 잘되는 매장으로 자리매김하고 있다. 시설 경쟁력이나 메뉴 경쟁력이 아주 뛰어난 것도, 점포 입지가 탁월한 것도 아니다. 그럼에도 불구하고 장사가 잘되는 비결은 무엇일까?

고객보다 한 발 앞서는 서비스 경쟁력,
일산 쌍뚜스

다름 아닌 이 가게 주인인 장지영 대표의 경쟁력에 있다. 장 대표는 수십 년 동안 자영업에 투신한 베테랑 사업가다. 그는 오십에 접어든 나이임에도 20대 못지않은 패션을 연출하고 있다. 예쁜 컬러로 물들인 헤어스타일, 찢어진 청바지, 뒷모습만 보면 영락없는 신세대 젊은이로 착각할 만큼 세련된 패션을 추구한다.

매장을 찾는 고객들은 주택가 상권의 주부들이 대부분이다. 주인인 장 대표 입장에서는 주부들에게 어떻게 하면 최상의 서비스를 해줄 수 있을지를 늘 고민한다. 외모를 치장한다는 것은 자칫 고객을 유혹하는 것으로 오해받을 수 있다. 하지만 유혹할 정도로 정성을 쏟는다는 의미로도 이해할 수 있다.

두 번째, 매장에서의 장 대표 태도를 보면 왜 주부 고객들이 줄을 서는지에 대해 금방 수긍이 된다. 창업에 성공한 일부 자영업자들은 어느 정도 돈을 벌고 나면 매장에서 주인 얼굴을 찾아보기 힘든 경우가 많다. 하지만 쌍뚜스에서는 언제나 정성껏 서빙하는 장 대표를 만날 수 있다. 서빙 수준도 보통의 알바가 하는 수준과는 확실히 차별화된다. 장 대표는 이렇게 얘기한다.

"고객이 요구하기 전에 미리 하는 서비스가 경쟁력입니다. 손님이 불러서 원하는 것을 해결해 드리는 서비스로는 감동을 줄 수 없기 때문이죠. 예를 들어 강냉이를 서비스로 드렸는데 고객의 기침 소리를 들었

일산 백석동의 상뚜스 매장 모습. 이곳 장 대표는 상품이나 인테리어 이상으로 중요한 가게 경쟁력은 바로 고객과의 우정이라고 말한다.

다면 물어볼 필요도 없이 바로 물 한잔 서비스가 뒤따라야 합니다. 또 쨍그랑 포크 떨어지는 소리가 나면 소리 나기가 무섭게 바로 새로운 포크로 바꿔드려야 하지요.”

기본적인 서비스 개념을 얘기하고 있지만, 사실 매장을 운영하다 보면 실천하기에 쉽지 않은 부분일 수 있다. 하지만 오십대의 주인이 이토록 고객을 향해 공손하게, 신속하게, 감동적으로 서비스를 베푼다는 자체가 곧 고객 만족도를 최상으로 끌어올리는 수단이 되는 것이다.

이처럼 품격 있는 서비스는 주인 스스로가 상품화되지 않는다면 불가능하다. 대다수 초보 창업자들은 자기가 판매하는 상품 경쟁력의 우수성만 얘기하는 경우가 많다. 음식점이면 음식 맛이 좋다는 얘기, 옷가게면 옷의 품질과 디자인이 좋다는 얘기만 늘어놓는다.

하지만 오늘날 상품 경쟁력은 사업의 기본이다. 기본만으로는 성공의 고지를 점령하기가 쉽지 않다. 상품 경쟁력의 기반 위에 주인 스스로의 상품화까지 가미되어야 고객 감동 경영이 더욱 수월해진다. 나를 상품화할 줄 아는 사람은 어떤 아이템으로 창업을 하든, 심지어 열악한 입지에서 문을 연다고 하더라도 번성점으로 자리매김할 무기를 갖추고 있는 셈이다.

그렇다면 초보 창업자 입장에서 스스로의 상품력을 키우는 가장 좋은 방법은 무엇일까? 당장 내 집 앞 상권 탐색부터 시작할 필요가 있다. 어느 상권이든 줄서는 가게가 있는 반면 소위 파리 날리는 가게 또한 상존하기 마련이다. 줄서는 가게의 사장 경쟁력과 장사 안 되는 가게의 사장 경쟁력을 비교 분석하는 일부터 시작해보자. 반드시 이유가 있다. 선수 따라잡기부터 충실히 이행하다 보면 어느새 나도 모르게 나만의 상품화를 구현할 수 있을 것이다.

웃는 인상 만들기가
창업 성공의 첫걸음이다

'웃는 얼굴에 침 뱉으랴'는 속담이 있다. 환하게 웃는 사람에게는 비록 그 사람의 행태가 못마땅해도 면전에서 싫은 내색을 하지 않는다는, 우리 정서를 잘 드러내는 속담이다. 우리 땅에서 우리 소비자를 대상으로 창업을 준비한다면 한국인들의 이 같은 정서에 주목해야 한다. 상대를 향해 환하게 웃는 모습을 보인다는 것은 호감을 줄 수 있는 1차적인 행동이다. 때문에 매장을 운영하는 사람들, 창업을 준비하는 사람들, 영업직에 종사하는 사람들이 갖춰야 할 첫 번째 태도는 바로 웃는 인상 만들기가 아닐까 한다.

웃는 모습에도 여러 종류가 있다. 정말 환하게 웃으면서 반가워하는 웃음이 있는가 하면, 상대방을 무시하는 듯한 조롱 섞인 웃음, 겉으로만 웃는 가식적인 웃음도 있다. 창업자에게는 고객의 마음을 환하게 해주는 격의 없는 웃음, 그런 얼굴 만들기가 갈수록 중요해지고 있다. 한 조사에 따르면 남미나 남유럽, 동남아 사람들이 아주 외향적인 반면 한국인, 일본인들은 상대적으로 내성적인 스타일이 강한 것으로 나타났다. 집 안에서는 외향적이더라도 대중 앞이나 밖에 나가면 특유의 내성적인 스타일로 변하는 사람들도 많다. 특히 조직 생활을 오래한 사람들, 또는 제조업이나 획일된 일을 반복하는 직종에 종사한 사람들은 웃음에 아주 인색하기 마련이다. 그리고 연령대가 높아질수록 얼굴에서 웃음기가 차츰 사라진다. 문제는 일반 대중을 대상으로 장사하는 자영업자, 즉 창업자 입장에서 웃음에 인색하게 되면 자칫 영업 부진의 단초가 될 수도 있다는 사실이다.

일전에 경기도 신도시에서 매출 부진으로 허덕이는 한 해물요리집을 방문한 적이 있다. 이 음식점의 실패 원인을 분석한 결과 아이템 경쟁력, 상권 입지 경쟁력, 운영 미숙의 문제 등 복합적인 원인이 있었는데, 그중 눈에 띄는 요인은 홀을 책임지고 있는 50대 초반 남편의 태도였다. 문을 열고 매장에 들어가면서 첫 번째로 만나게 되는 남편 분의 웃음기 없는 무뚝뚝한 태도가 마음에 걸렸다. 때마침 점심시간이라서 몇 테이블에 손님이 있었지만, 남편은 화가 난 듯한 굳은 인상을 하고 홀 서빙은 중국 교포 아줌마에게 일임한 채 카운터에서 신문만 뒤적이고 있었다. 컨설팅을 하는 내 입장에서도 감히 그에게 물 한잔 갖다달라는 얘기를 건네기가 부담스러울 정도였다.

이러한 사례는 주변에서 흔하게 볼 수 있다. 막연히 부부 창업을 결정하고 남편은 카운터, 아내는 주방을 맡으면서 음식점을 운영하는 경우다. 하지만 홀을 지킨다는 것은 단순히 카운터에서 돈 계산만 하는 게 역할의 전부가 아니다. 카운터를 지키면서 손님맞이를 하는 접객부터 시작해 고객들이 매장에 들어와서 나갈 때까지의 일거수일투족에 관심을 둬야 한다. 고객 만족도를 높이는 역할이 곧 홀 관리의 기본이자 카운터를 지키는 사람들의 책임이다. 이때 얼굴에 늘 웃음을 잃지 않으면서 시종일관 낮은 자세로 임해야 하는 것은 상식의 문제다. 이는 주인의 나이가 많고 적음과는 무관하다.

안정적인 직장 생활만 경험한 초보 창업자의 경우 음식 맛에만 신경을 쓴 나머지 정작 중요한 자신의 경쟁력 파악에 소홀한 경우를 자주 발견한다. '무뚝뚝 서비스'도 일례에 불과한데, 고객을 마주하고도 웃지 못하는 사람들은 지금부터라도 웃는 연습을 해야 한다. 이것은 창업 준비의 첫 단계라고 해도 과언이 아니다. 그렇다면 무뚝뚝 얼굴을 웃는 얼굴로 변신시키는 방법은 없을까?

어느 패션 기업에서 판매 여직원들의 웃는 얼굴 만들기 매뉴얼을 본 적이 있다. 거기에는 웃는 얼굴로 변신하기 위해서는 심리적 측면에서 37일 동안 아침저녁으로 한 시간씩 웃는 연습을 해야 한다는 대목이 있었다. 웃는 얼굴을 지속적으로 반복 연습해야 한다는 것이다. 이 얘기를 어느 강의장에서 했더니 한 분이 나를 찾아온 적이 있었다. 그분은 37일 동안 연습해도 웃는 얼굴로 바뀌지 않았다고 했다. 그래서 특단의 방법으로서 연기 학원에 등록했다고 한다. 이후 학원에서 끊임없이 웃는 얼굴을 연습해 결국은 웃는 얼굴, 웃는 인상 만들기에 성공했다며 싱글벙글하던 분을 기억한다.

무서운 조폭 아저씨도 웃을 때는 비교적 귀엽다. 경쟁이 치열한 자영업 시장에서 경쟁우위를 점하기 위해서는 웃는 얼굴, 웃는 표정 만들기가 무시 못할 요인이라는 사실을 간과해서는 안 된다.

창업형 인간이 갖춰야 할
5가지 조건

창업이라는 키워드가 일반인들 가까이 다가온 것은 90년대 초반으로 기억한다. '명퇴'라는 말이 회자되었던 시대다. 명퇴 1기생들이 창업 시장을 노크하던 때로, 이른바 '명퇴형 창업'이라는 말이 사회적 화두가 되기도 했다. 당시 최고의 명퇴형 창업 아이템은 크라운 베이커리, 신라명과, 고려당 같은 제과점 창업이었다. 지금은 파리바게트, 뚜레쥬르가 그 시장을 주도하고 있다. 외식 아이템 중에서는 놀부 같은 브랜드가 최초로 한식 프랜차이즈 사업을 론칭했던 시기가 이 무렵이었다. 현금 가동 능력 5억원 이상이라면 최고의 명퇴형 아이템은 햄버거 가게였다. 88올림픽 이후 봇물처럼 들어왔던 웬디스, 하디스, 파파이스, 맥도날드, KFC 같은 패스트푸드점은 명퇴 창업자들의 로망이기도 했다. 1~2억 창업자들은 배스킨라빈스 같은 아이스크림 전문점에 눈독을 들였다. 판매업 아이템으로는 단연 이랜드 같은 의류 브랜드가 대세였다. 그래도 당시에는 창업하면 안정적인 수익을 낼 거라는 희망이 있었다. 구차한 샐러리맨보다는 사장님 소리를 들으며 살 수 있다는 것도 어쩌면 하나의 매력이었다. 그로부터 20여 년의 세월이 흘렀다. 그때나 지금이나 창업 시장 환경은 녹록지 않다. 오히려 그때보다 훨씬 열악해졌다. 성공보다는 실패에 대한 두려움이 더 커졌다. 이런 때일수록 일을 벌이기에 앞서 창업의 기본으로 돌아갈 필요가 있다. 결론부터 얘기하자면 창업형 인간, 창업형 스타일로 자신을 변화시킨 후에 창업해야 하는 것이다.

그렇다면 '창업형 인간'이 갖춰야 할 구체적인 조건은 무엇일까?

첫째, 창업형 인간에게 가장 필요한 것은 자기 비전 및 로드맵을 갖는 일이다. 최근에도 이른바 은퇴형 창업자들이 속속 배출되고 있다. 시니어 창업자로 불리는 이들은 이제껏 몇 십년 동안 대한민국 호를 움직였던 실질적인 동력이었다. 그럼에도 주류에서 밀려났다는 자괴감에 제자리를 찾지 못하고 방황하는 중장년층이 적지 않다.

이들에게 필요한 것은 지금까지의 직장 생활이 아닌 향후 20년 이상을 내다볼 새로운 창업 인생을 위한 구체적인 로드맵이다. 즉, 은퇴 이후의 새로운 인생 가치를 실현할 장으로서 창업의 구체적인 진로를 그릴 수 있어야 한다.

둘째, 자신을 상품화할 수 있는지에 대한 판단이 뒤따라야 한다. 창업에는 어느 분야든 전문성을 갖추어야 하고, 그 이면에 창업 주체의 상품화가 수반되어야 한다. 자신의 상품화에 성공하지 못한다면 아무리 좋은 아이템, 좋은 상권에 안착한다고 해도 성공은 뜬구름 잡기에 그칠 가능성이 높기 때문이다. 즉, 고객에게 나를 팔 수 있는지에 대한 답을 얻어야 한다. 나를 판다면 어떤 방법, 어떤 콘셉트로 고객에게 다가갈 것인가를 고민해야 한다. 나를 '팔지' 못한다면 나의 상품 또한 팔 수 없다는 것을 명심해야 한다.

셋째, 철저한 자기관리 능력이다. 이는 창업형 인간이 갖춰야 할 필수 사항이다. 자기관리에는 건강관리는 물론 주변 인간관계 관리, 가정관리 등 나를 둘러싼 내외부와의 관계를 원활하게 유지하는 것을 포함

한다. 자기관리 능력은 기업가 정신의 핵심 요소이기도 하다.

넷째, 창업형 인간이라면 변화에 능동적으로 대처할 수 있어야 한다. 강한 도전 정신이 뒤따라야 한다는 것이다. 창업형 인간은 새로운 가치 창출을 위해 끊임없이 실험하고 도전할 수 있어야 한다. 지금까지 직장 생활에 안주해왔던 사람이라면 더더욱 유의해야 하는 부분이다. 창업형 인간은 언제든지 정상과 바닥을 오르내릴 수 있다는 팽팽한 긴장감을 지녀야 한다.

다섯째, 창업형 인간은 트렌드 읽기에 게을러서는 안 된다. 시장의 흐름을 읽을 수 있는 안목을 가져야 한다는 뜻이다. 창업의 현장은 곧 시장이다. 시장이 어떤 모습, 어떤 형태로 흘러가는지, 어디를 향해 흘러가는지에 대해 창업자는 늘 물음표를 던져야 한다. 시장의 흐름 파악은 라이프사이클Life Cycle과 라이프스타일Lifestyle 파악으로 대변할 수 있다. 라이프사이클은 자영업 공급 시장의 지표이며, 라이프스타일은 수요층의 니즈를 알 수 있는 방법이다. 공급과 수요를 파악하는 것은 시장을 읽는 기본이다.

마지막으로, 창업형 인간은 사람을 사랑할 줄 아는 따뜻한 인간애人間愛의 소유자여야 한다. 장사는 곧 사람 장사라는 말이 있다. 성공 창업에서 사람이 차지하는 가치는 날로 높아지고 있다. 어떤 창업, 어떤 아이템을 불문하고 사람을 대상으로 하지 않는 사업은 없기 때문이다. 사람에는 고객과 직원이 있다. 이들을 막연히 관리하기에 앞서 진정으로 사랑할 줄 아는 창업 주체의 마인드가 뒷받침되어야 한다. 부연하자면 창업형 인간은 사람과의 만남을 진정으로 즐거워할 줄 알아야 하며, 사람을 통해 창업의 목표 실현을 설계할 줄 아는 사람이다.

직장 생활에서 마음에 들지 않는 사람들과는 상대하지 않으면 그만이지만 장사를 하는 입장은 다르다. 때로는 마음에 들지 않는 사람들도 표시 나지 않게 정중히 맞이할 수 있어야 진정한 선수 창업인이라고 할 수 있다. 창업자가 사람을 대하는 태도는 이를테면, 맹자가 말한 그 누구와도 적을 만들지 않는다는 뜻의 인자무적仁者無敵 마인드와 일맥상통하는 측면이 있다.

적을 만들지 않기 위해서는 누구와도 친해질 수 있는 고객 친화력이 있어야 한다. 이를 위해 가장 좋은 방법은 내가 먼저 인사하는 연습을 습관화하는 것이다. 아파트 엘리베이터 안에서 위아래층 이웃과 마주칠 때 내가 먼저 인사하는 습관, 내가 먼저 고개 숙이며 아는 체하는 습관이 궁극적으로 고객 관리의 시작이라고 보면 된다. 이러한 고객 관리의 작은 실천이 훗날 우리 가게의 '팬클럽'까지 만드는 밑거름이 된다는 사실을 가슴에 새겨야 한다. 연예인에게 팬클럽은 인기 관리의 최첨병 역할을 하는 집단이다. 창업자에게도 이제는 팬클럽이 필요한 시대가 도래하고 있는 것이다. 자영업으로 부자를 꿈꾸는 당신, 내 팬클럽 회원은 과연 얼마나 될까? ♣

07

강한 인상을
남기는 가게가
성공한다

; 브랜드 네이밍과
간판 디자인

다르지 않으면 아무것도 아니다.
남들이 모르면 아무것도 아니다.

홍대 상권에 가면 참 볼거리가 많다. 전국에서 1등하는 떡볶이집이 있는가 하면, 외국에서 막 건너온 듯한 특이한 음식점도 성업 중이다. 새로운 음식점 구경도 재미있지만, 요즘 젊은이들의 소비 선호도를 엿보는 것은 더욱 즐겁다. 젊은 층 소비자들이 줄서는 음식점이 있는가 하면 별 관심을 얻지 못해 파리만 날리는 음식점도 있다. 그런데 개인적으로 가장 큰 즐거움은 간판을 구경하는 것이다.

다양한 상호, 다양한 디자인의 간판들이 끊임없이 구애의 손짓을 보내고 있다. 과연 성공하는 음식점을 만드는 데 있어 간판 경쟁력이 차지하는 기여도는 어느 정도일까? 최근 창업 관련 학계에서도 비중 있게 연구되고 있는 테마 중 하나인데, 실제로 독특하고 재미있는 상호와 간판으로 큰 효과를 보는 가게들이 적지 않다.

뜨는 음식점은
상호부터 색다르다

오래전에 서울 삼성동 봉은사로변에 문을 연 '맑은 바닷가의 나루터'라는 세꼬시, 잡어회 전문점이 있었다. 강남에는 워낙 횟집들이 많아서 새로 오픈한 집이 웬만한 경쟁력을 갖지 않고서는 성공하기가 쉽지 않다. 하지만 이 음식점은 이름을 잘 지어서 고객의 시선을 붙잡는 데 성공했다. 이 상호에는 주변을 두리번거리다가 바다의 파란색 간판에 작게 새겨진 한 구절 시구를 발견하는 듯한 효과가 있었다. 상호를 보는 순간 소비자들은 저 집은 무슨 가게일까?, 하고 먼저 궁금증을 갖게 된다. 맑은 바닷가의 나루터는 오픈한 지 1년도 지나지 않아 역삼동에 2호점을 개설하고, 3호점까지 이어졌던 것으로 기억한다. 간판 이름을 잘 지었다고 한글학회로부터 '아름다운 우리말 가게'로 선정되는 행운도 안은 바 있었다.

마찬가지로 홍대 상권 가게들의 상호를 보고 있노라면 일단 상호만으로도 재미있다는 생각이 든다. 된장찌개 전문점 '이런 된장', 수제버거 카페 '감싸롱', 한식집 '밥', 퓨전 한식 전문점 '나물 먹는 곰', 테마 카페 '게으른 고양이', 선술집형 고깃집 '肉값하네', 술맛 나는 포차 '술로 통하다', 밥 카페 '호시탐탐', 떡볶이집 '조폭 떡볶이', 닭불고기 전문점 '맛있는 불고기 작전' 등등 어느 것 하나 예사로운 상호가 없다.

'이런 된장'이라는 음식점은 약간 익살스러우면서 젊은 층의 톡톡 튀는 감수성을 느낄 수 있는 상호이다. 디자인 측면에서도 캘리그래피가 주는 리듬감을 통해 고객의 접근성을 높였다. '감싸롱'이라는 상호는 웬 싸롱인가, 하고 반문하는 사람들도 있는데 마당에 있는 한 그루의 감나무를 형상화해 지은 홍대 상권 1등 수제버거 카페였다. 지금은 건물주가 새로운 건물을 올리면서 감싸롱은 카페 골목을 떠날 수밖에 없었다. '밥'이라는 가게는 군더더기 없는 깔끔한 한식당이라는 점, 한식당의

홍대의 재치 있는 상호 중 하나인 나물 먹는 곰의 입구. 상호는 그 가게의 이미지를 결정짓는 첫 번째 얼굴이다. 경쟁력 있는 상호는 시선을 끌고 기억하기 쉬워야 하며, 간판만 보고도 어떤 가게인지를 가늠할 수 있어야 한다.

백미는 역시 밥의 경쟁력이라는 점을 내세웠다. 단순히 한 글자의 이미지를 간판 상호로 잘 승화시킨 케이스다.

'나물 먹는 곰'이라는 한식 레스토랑은 나물과 곰이라는 자연 속 웰빙 테마를 상호에 담음으로써 고객에게 운치 있는 한식당을 떠올리게 한다. '게으른 고양이'는 고양이의 습성을 재미있는 상호로 형상화했으며, 고양이 마니아 및 동물에 호감을 가진 소비자에게 어필하기에 좋은 상호다. 'ㅊ값하네'는 어찌 상스런 욕을 상호에 얹혔을까, 의구심을 가질 수 있지만 한 번 듣는 순간 결코 잊을 수 없는 고깃집 상호로 평가할 수 있다. '술로 통하다'라는 포차 상호 역시 술 마니아들에게 술의 철학과 인생의 철학을 접목시킨 의미 있는 상호이다.

지금은 없어진 '어머니가 차려주는 식탁'은 소설가 양귀자 씨가 운영한 한정식집이다. 어머니라는 단어가 갖는 뉘앙스와 식탁이라는 단어가 만나 아름다운 상호로 되살아난 케이스다. 두 말이 필요 없는 베스트 한식당 상호이다. '호시탐탐' 역시 밥과 술을 파는 카페다. 무엇을 호시탐탐 노릴까를 생각하게 하는 재미있는 상호다. '조폭 떡볶이'는 실제 조폭 아저씨들이 있는 떡볶이집이 아니라 조폭과는 전혀 상관없는 남자들이 운영하는 홍대 상권 1등 떡볶이집 상호다.

이 외에 서울이 아니더라도 광주시 남구 월산동에 오픈했던 '기운센 천하장어', 인천 십정동의 낙지 요리점 '낙지 먹고 맴맴', 제주도의 돼지 요리점 '돼지 탐나라', 성남시 금광동의 '싱싱해 싱싱어' 등도 잘 지어진 상호로 꼽을 수 있다.

내 가게의 얼굴,
브랜드와 간판 디자인

'재미'라는 코드가 소비의 중요한 화두로 떠오르고 있다. 외식업계에서도 펀 경영이 중요시된 지 오래다. 이는 재미를 추구하는 삶의 가치와도 무관치 않은 현실이다.

자영업계 또한 스토리가 내재된 브랜드 네이밍이 많아졌다. 무언가 재미있는 이야깃거리가 숨어있을 것 같은 상호는 소비자의 구매 파워로 이어질 확률이 높다. 한 번만 들어도 잊을 수 없는 상호나, 무엇보다 상호만 보고도 가게 문을 박차고 들어가고픈 생각이 드는 상호도 많아졌다. 초보 창업자 입장에서는 가게 상호를 고민하는 분들이 많다. 어떤 이들은 유명한 작명가를 찾아가기도 한다. 하지만 굳이 그럴 필요는 없다는 생각이다. 홍대 골목을 걷다 보면 요즘 트렌드에 딱 맞는 상호의 교과서를 심심찮게 만날 수 있기 때문이다. 그 같은 상호 발상을 참고로, 내가 주력하는 상품과 추구하는 가치를 중심으로 생각을 넓히다 보면 의외로 좋은 상호를 찾을 수 있다.

브랜드 네이밍은, 상호만 듣고도 들어가고 싶다는 생각이 들거나 대표 상품이 연상되는 상호가 좋다고 여겨진다. 그러면서도 부르기 쉽고, 기억하기 쉽고, 재미있으면서, 주 고객층의 눈높이를 자극할 수 있는지를 하나하나 따져보는 것이다. 참고로, 상호는 한국특허정보원www.kipris.or.kr에 출원 및 등록이 가능한 상호인지를 확인하는 것도 중요하다고 하겠다.

상호가 결정되었다면 다음은 디자인이다. 세계적인 미래학자 다니엘 핑크는 그의 저서 《새로운 미래가 온다》에서 미래 인재의 역량으로서 디자인과 스토리의 중요성을 말한 바 있다. 음식점 간판이야말로 디자인의 결정체라고 해도 과언이 아니다. 십여 년 전만 해도 한국에서 새로운 사업을 하려는 사람들은 어김없이 일본에 상권 여행을 다녀오곤 했다. 물론 요즘도 일본 상권은 한국의 창업자들에게 좋은 벤치마킹 대상이기는 하다. 나 역시 일본의 주요 상권을 조사하면서 가장 많이 느끼는 것은 바로 외장 디자인 경쟁력이다.

가게 외장 디자인의 백미는 역시 간판 디자인이라고 할 수 있다. 그 같은 간판과 창업 아이템을 참고하고자 한국의 창업자들은 일본 동경의 하라주쿠, 시부야, 이케부쿠로, 긴자, 신주쿠는 물론 오사카의 도톤보리 상권을 헤매고 다녔다. 하지만 최근의 홍대 상권이라면 굳이 일본을 가지 않아도 되겠다는 생각마저 든다. 가게 디자인 수준 차이가 별로 나지 않기 때문이다. 간판 디자인 분야는 더더욱 그렇다.

홍대의 최근 간판 디자인 특징이라면 캘리그래피 사인이 늘고 있다는 점이다. 캘리그래피calligraphy는 어원적으로 '아름답게 쓰다'라는 의미다. 개성적인 표현과 우연성이 중시되는 캘리그래피는 컴퓨터의 획일화된 서체가 아닌 손으로 쓴 아름답고 유연한 글자체를 말한다. 캘리그래피 디자인은 소주 '처음처럼' 글씨도 그렇고 책 제목 등 우리 사회의 전 분야에서 활용되고 있다.

매출 부진을 겪는 음식점에서는 간판만이라도 바꿔봤으면 좋겠다고 하는 사람들이 많다. 문제는 어떻게 바꿀 것이냐의 문제다. 동네 간판집

일본 오사카에서 본 곱창구이집 '쇼와 대중 곱창'. 예스런 간판으로 친근감을 더하고 오래된 맛
집이라는 느낌을 강조했다.(위쪽) 교토의 뒷골목 상권에서는 요란하지 않으면서도 손글씨 간판
을 통해 정감 있게 다가간다는 게 특징이다.

에 의뢰해서는 원하는 디자인을 얻기가 쉽지 않고, 유명 디자인 업체에 의뢰하자니 비용의 문제가 걸린다. 인테리어 업체에 알아서 해달라고 하면 비용을 감안해서 돈이 들어가지 않는 간판을 해주는 것이 일반적이다. 그렇다면 또 다른 방법은 없을까? 그와 관련해 나는 미술 대학 시각디자인과 학생들에게 상호 디자인을 의뢰하곤 한다. 물론 학생들이기 때문에 전문가만큼의 노련미는 떨어질 수 있지만, 이들의 톡톡 튀는 감수성과 디자인 역량을 잘 코칭할 수 있다면 얼마든지 좋은 간판을 저렴한 가격에 디자인할 수 있다. 시각디자인과 사무실에 전화 한 통화면 디자인 알바를 구하는 것은 어려운 일도 아니다. 다만 이들에게 매장의 분명한 콘셉트를 설명하고, 예비 시안을 업그레이드할 수 있는 안목이 있어야만 가능한 일이기는 하다.

　홍대 상권에서 느끼는 간판의 또 다른 특징은 소재의 다양성이다. 십년 전만 하더라도 파나플렉스 사인이 대세였다. 이는 간판 안에 형광등이 줄줄이 박혀 있는 것을 말한다. 파나플렉스 사인과 함께 글자마다 네온관이 들어있는 채널(챈넬) 사인은 고급 간판의 대명사였다. 그러다가 최근에 LED 간판이 유행한다. 비용은 파나플렉스나 채널 간판보다 많이 들어가지만 전기요금은 파나플렉스 간판의 10% 정도에 불과하다. 또한 LED 사인은 빨주노초파남보 등 다양한 컬러를 연출할 수 있다는 장점이 있다. 2030 고객들의 감수성을 자극하는 데 안성맞춤인 소재인 것이다. 그런데 홍대 상권에는 번듯하고 휘황찬란한 간판 소재만 등장하는 것은 아니다. 오히려 밤에 불도 들어오지 않는 초라한 사인이 고객의 마음을 끌어당기는 가게도 얼마든지 있다.

현수막 경영의 진수,
운정 화로구이

창업의 선수를 만나는 일은 늘 즐겁다. 대개 그 바닥 업력 10년 이상이 기본이기도 한 그들의 표정에는 여유와 미소가 가득하다. 파주의 줄서는 맛집 '운정 화로구이' 또한 바로 그러하다. 이곳은 단순히 맛이 있어서 손님들이 줄을 서진 않는다. 무엇보다 박상훈 대표가 만들어내는 경영 스타일이 고객들을 즐겁게 한다.

그는 언어의 유희를 잘 아는 카피의 마술사라고 할 만하다. 그 같은 재능은 점포 내외부에 걸린 현수막으로 표출되고, 주인장의 재치 있는 입담과 더불어 스토리텔링 마케팅 효과로 배가된다. 홍보용 현수막을 몇 개 달았는지는 중요하지 않다. 그 현수막의 카피가 고객들의 가슴속으로 얼마나 가닿는지가 관건인 것이다.

운정 화로구이에 가면 가게 안팎으로 수많은 현수막을 만나게 된다. 전면 간판의 소재가 현수막인 것부터 시작해서 입구에는 특선 메뉴를 알리는 현수막과, 주인장의 소싯적 사진을 박은 알림용 현수막이 있다. 또 출입문 현수막에도 '여기까지 오시느라 수고하셨습니다. 안심하고 드세요. 양심은 안 파니까요.'라는 아주 친절한 카피가 고객의 시선을 끈다.

가게 안에도 다양한 현수막이 걸려 있다. 들어가자마자 좌측 벽면에 연두색 바탕의 현수막이 시선을 사로잡는다. '니가 먹어도 그렇게 만들래?'라는 다소 돌발적인 카피로 시작한다. 명이나물이 들어간 친환경 쌈

운정 화로구이 앞에 선 박상훈 대표의 모습. 그는 현수막을 통해 고객과 소통하고자 늘 애쓴다. 현수막 카피는 홍보 수단인 동시에 그의 가게 경영 철학이 담겨 있기도 하다.

을 홍보하면서 잡탕찌개는 만들지 않는다고도 강조한다. 대충 만들지 않고, 두부와 콩나물을 제외한 모든 양념과 원재료가 국내산이라는 내용이 '거창하게' 적혀 있다. 또 반대쪽 매장 벽면의 큼지막한 현수막에는 손으로 대충 만든 갈비가 아닌 명품 수제秀製 갈비라는 점을 강조하고 있다. 그리고 그 명품 갈비의 제조 과정을 사진으로 보여준다. 이 밖에도 천연과일 냉면을 재미있게 소개하는 현수막이 있고, 종이 POP에 적힌 카피도 무척 재미있다. 여기에는 라면은 셀프, 하지만 공짜가 아닌 서비스라는 점, 그리고 깨알 같은 글씨로 대한민국 국민소득 10만불 달성 시에는 반드시 돈을 받겠다고 적혀 있다. 양심 저울 옆에도 POP가 걸렸는데, '귀신은 속여도 저울은 못 속인다'는 카피가 압권이다.

이 밖에도 태블릿 PC를 흉내 낸 메뉴판도 재미있고 이채로운데, 사실 박상훈 대표는 외식업 업력이 그리 많지는 않다. 그렇기 때문에 새로운 시도를 하는 데 있어 타성에 젖지 않았는지도 모른다. 그의 서비스는 투박해 보이면서도 섬세하다. 바로 이 점이 가장 큰 경쟁력일 수 있다는 생각마저 든다. 사진에서는 수더분해 보이고 쑥스러움을 잘 탈 것도 같지만, 고객들 앞에서는 하염없는 미소를 만들어낸다. 남자의 매력은 잘생긴 장동건에게만 있는 게 아니라고 그는 말한다. 자신이야말로 치명적인 매력의 소유자라며 자화자찬하기도 한다. 그의 인터넷 닉네임도 재미있다. 바로 '효리시러'다. 이효리 팬클럽의 공식적 안티 1호일 텐데, 물론 웃자는 얘기다. 오히려 그 아이디가 박 대표를 더욱 주목하게 만든다. 효리는 싫지만, 그 대신 운정 화로구이의 고객들에게 온갖 애정을 쏟겠다는 뜻을 담았기 때문이다.

운정 화로구이의 양심 저울과 주인장의 다짐 글. '니가 먹어도 그렇게 만들래?'라고 묻고 '아니오. 집에서 전 이렇게 먹어본 적 없습니다. …… 절대로 대충 만들지 않겠습니다.'라고 답하고 있다.

운정 화로구이의 내부 인테리어는 현란하거나 부담스럽지 않다. 그렇다고 아주 촌스럽지도 않다. 그저 가족 단위 외식객이나 고기 좋아하는 사람들이 편안하게 술 한잔 할 수 있는 분위기로는 딱이다. 그런데 아무리 현수막으로 수많은 레토릭을 구사했어도 역시 고객 입장에서는 혀끝의 감동이 중요하다. 박 대표가 명품 수제 갈비라고 자랑하듯이 참숯 직화구이로 즐기는 고기 맛 또한 발군이다.

앞에서 살폈듯이 박상훈 대표에게 현수막은 고객과의 가장 친밀한 소통 창구이다. 그는 최근에 운정 화로구이 시즌 4를 시작했다. 시즌 4의 콘셉트에서는 기존의 '운정 화로구이'라는 상호까지 과감하게 버렸다. 그가 선택한 새로운 상호는 '렛잇고기'다. 그의 미래 가치에 응원을 보낸다. ♣

08

그들이 원조 식당을
뛰어넘은 이유
; 자영업 경쟁력의
본질 따라잡기

바람이 불지 않을 때
바람개비를 돌리는 방법은
앞으로 달려가는 것이다.
— 데일 카네기

서울 상권만 하더라도 곳곳에 원조 음식점 골목이 있다. 장충동에는 족발집 골목이 있는가 하면, 신림동에는 순대 골목이 있다. 무교동에는 매운 낙지집 골목이 지금도 명맥을 유지하고 있고, 신당동에는 즉석 떡볶이 골목이 성업 중이다. 마포 공덕 상권에는 오래된 최대포집을 만날 수 있다. 소비자들은 대로변의 최대포집이 원조인지, 굴다리 뒷골목에 있는 최대포집이 원조인지 잘 알지 못한다. 다만 서로가 원조집이라고 주장하고 있다.

지방 상권에도 원조 음식점이 모여 있는 곳을 어렵지 않게 찾을 수 있다. 의정부 부대찌개 골목에 가면 원조 싸움이 치열하다. 부산에는 밀면집의 원조가 있고, 대구 동인동에서는 찜갈비를 두고 원조집 싸움이 거세다. 이렇듯 원조 음식점이 있는 상권에 가보면 원조집과 그 옆집의 경쟁 구도가 치열하다. 원조집을 능가하려는 옆집의 영업 전략이 돋보이는가 하면, 서로 자기 집이 원조라며 끝없는 원조 논쟁을 불러일으키기도 한다.

어떤 골목에는 한 곳이 원조집이라는 타이틀을 걸고 있고, 그 옆집에서는 '시조집'이라는 상호로 고객몰이를 하는 곳도 있다. 원조를 드러내려는 수식어도 다양하다. 진짜 원조, 1등 원조, 정통 원조 등의 간판을 통해 저마다 자기가 최초의 음식점이라고 뽐내고 있다. 그렇다면 과연 원조집과 그 옆집에는 어떤 영업 전략의 노하우가 숨어있을까? 또한 소비자 입장에서 원조집이라는 간판이 주는 의미는 무엇일까?

풍납동 칡냉면 골목의
원조와 그 옆집의 비밀

서울 송파구 풍납동 영파여고 뒷골목에는 칡냉면 골목이 있다. 오장동 냉면집 골목이 북한식 함흥냉면 골목이라면 이곳은 남도식 칡냉면 골목이라는 점이 이채롭다. 이곳 칡냉면 골목의 원조집은 우화자 사장의 유천 칡냉면집이다. 1980년대부터 우화자 사장이 살았던 풍납동 유천 빌라의 상호를 그대로 사용해 오늘날 '유천 냉면'이 되었다는 일화는 이미 널리 알려졌다. 유천 냉면은 이후 나날이 번창하여 현재는 근처에 주차 빌딩까지 갖춘 대형 매장을 내기에 이르렀다.

우화자 사장 덕분에 90년대 초부터 영파여고 뒷골목은 칡냉면 골목으로 변신하기 시작했다. 지금도 옛촌칡냉면, 풍납 칡냉면 등 대여섯 곳의 냉면집이 성업 중에 있다. 재미있는 것은 후발 주자들의 영업 전략이다. 원조집보다 늦게 오픈한 칡냉면집들의 영업 전략은 간단했다. 원조집이라는 가이드라인이 정해져 있기 때문에 원조집보다 뭐든 뛰어나야 한다는 것이었다. 비단 맛의 경쟁력뿐만이 아니었다. 상품 경쟁력은 물론 가격 경쟁력, 서비스 경쟁력에서도 원조집을 능가하려는 후발 주자들의 영업 전략은 눈에 띄었다.

그중 한 곳의 칡냉면집에서는 원조집 냉면보다 냉면 위에 올려주는 배 크기가 달랐다. 원조집보다 훨씬 큰 배를 올려줌으로써 소비자 만족도를 높이겠다는 전략이었다. 이러한 전략은 소비자들에게 먹히기 시작했다. 풍납동을 찾는 소비자들은 칡냉면의 원조가 유천 칡냉면집이라는 사실을 알고 있음에도 불구하고 오히려 그 옆집을 찾는 경우도 늘어났다. 왜일까?

소비자의 구매 심리에는 늘 새로운 집을 찾아다니려는 속성이 있다는 사실로 이해할 수 있다. 원조집이라고 가보면 북적이는 손님들로 인산인해를 이룬다. 손님 입장에서는 원조집의 위세에 눌리기도 하지만 북새통인 탓에 자칫 제대로 대접을 받지 못한다는 심리도 작용한다. 이런 연유로 소비자들은 원조집의 옆집을 주목하게 된다.

유천 칡냉면 옆집에는 다수의 칡냉면집들이 영업하고 있다. 짝퉁으로 치부되기도 하지만 그곳 역시 성수기에는 인산인해를 이룬다. 그렇게 세월이 흐르면서 옆집들도 역사성과 정통성이라는 포장을 갖추게 된다. 또 하나, 원조집 못지않은 무기도 있다. 상품의 경쟁우위 전략이 대표적이다. 앞서 언급했듯이 큰 배 조각을 올려주는가 하면, 칡냉면 양을 원조집보다 더 많이 주기도 하면서 고객 만족도를 높이는 것이다. 이후 시간이 지나면서 고객은 저마다의 시각으로 만족도 평가를 하게 되고, 원조집 옆에서 영업하던 후발 주자들도 고객의 선택 우선순위 안에 들어가게 되는 것이다.

풍납동 칡냉면 골목은 그렇게 형성되었다. 원조집을 따라잡으려는

풍납동 유천 냉면 본점. 풍납동 냉면 골목은 원조 칡냉면집이 자리를 잡고, 그 원조를 따라잡으려는 옆집의 노력이 더해져 상권을 형성했다고 할 수 있다.

그 옆집의 노력이 소비자 가치 창출로 연결되었다고 볼 수 있다.

장충동 족발집 상권에 가면 이곳 역시 서로가 원조라는 간판이 즐비하게 늘어서 있다. 소비자들은 어떤 집이 진짜 원조인지에 대해 잘 알지 못한다. 달리 말하면 소비자 입장에서는 원조집을 찾는 것이 큰 의미로 다가오지 않는다. 단지 현 시점에서 어떤 가게의 만족도가 가장 높은지에 대한 관심만이 존재할 뿐이다.

한편 원조집 입장에서는 원조라는 간판에 머물지 않고 그것을 분명히 드러내려는 모습도 제각각이다. 장충동 뚱뚱이 할머니 족발집에 가면 지금도 연로하신 뚱뚱이 할머니께서 무거운 몸을 추스르며 카운터를 지키고 계신다. 낮 시간에는 일일이 계산을 맡기도 하시는데, 소비자 입장에서는 뚱뚱이 할머니의 얼굴을 뵙는 것만으로도 '이곳이 장충동 족발집의 원조'라는 사실에 만족해하는 경우가 많다. 하지만 장충동 족발집 골목에서 뚱뚱이 할머니 족발집만이 원조라고 생각하는 사람들은 많지 않다. 평남 할머니집도 있고, 다른 족발집 역시 전통과 역사가 살아 숨 쉬는 음식점 분위기를 느낄 수 있다.

신당동 떡볶이 골목에도 수많은 즉석 떡볶이집이 성업 중이다. 하지만 여기서는 원조 논쟁이 뜨겁지 않다. 이미 마복림 할머니 떡볶이가 원조라는 사실을 대다수 소비자들이 알고 있기 때문이다. 물론 광고의 힘이 컸다. '며느리에게도 알려주지 않는다'는 마복림 할머니가 광고에 나가면서 자연적으로 신당동 떡볶이집의 원조는 누가 뭐래도 마복림 할머니 떡볶이집으로 순서가 결정된 셈이다. 그렇다면 마복림 할머니 옆에서 영업하는 수많은 즉석 떡볶이집들의 영업 전략은 어떠했을까?

재미있는 것은, 마복림 할머니 떡볶이집 바로 앞에서 영업하던 소형 떡볶이집들의 변신이다. 마복림 할머니네를 이기려는 옆집들의 노력은 결국 획기적인 영업 방법을 탄생시키기에 이르렀다. 소형 떡볶이집 7개 매장 점주들이 7개 매장을 합쳐 대형 점포의 떡볶이집을 만들었다. 규모에서부터 원조 떡볶이집을 능가하겠다는 전략이었다. 뿐만이 아니었다. 이 떡볶이집에는 주인 7명이 요일별로 영업을 하고 수익을 챙겨갔다. 서비스에서도 경쟁우위 전략이 눈에 띄었다. DJ 박스를 복원했고 그 옛날 '허리케인 박'을 다시 만들어냈다. 발레파킹 인원을 늘려 차량을 이용하는 소비자의 편의성도 높였다.

　소비자들은 처음엔 어리둥절해했다. 신당동에 가면 당연히 원조 떡볶이라고 알려진 마복림 할머니 떡볶이를 찾던 사람들도 그 옆의 대형 떡볶이집에 시선이 쏠리기 시작했다. 규모가 크고, 서비스도 좋고, 그 옛날 DJ 박스가 복원되었으며, 허리케인 오빠까지 볼 수 있는 원조 옆집에 더 관심을 쏟는 소비자들이 늘어났다.

　그렇다고 원조집이 어려워진 것은 아니다. 마복림 할머니 떡볶이집은 할머니의 2세들이 경영에 뛰어들면서 그 옆에 또 다른 마복림 떡볶이집을 탄생시키기도 했다. 신당동 떡볶이 골목 상권 전체를 놓고 본다면 이러한 원조집과 그 옆집의 유연성 있는 변신이 상권의 상세력을 높이는 결과로 작용했다. 재미있는 일인 한편으로, 보다 경쟁력 있는 가게를 만들기 위해서는 어떻게 해야 하는지에 대해서도 시사하는 바가 크다고 하겠다.

섣불리 원조에 기대서는
안 되는 이유

그런데 원조집과 그 옆집이 선의의 경쟁을 통해 상세력을 키워 가는 곳이 있는가 하면 그렇지 못한 상권도 있다. 대전 갑동 상권에 가면 대전의 대표적인 웰빙 음식점 한 곳을 발견할 수 있다. 우희경 대표가 운영하는 검은콩 수제비 전문점이다. 이곳은 검은콩을 이용한 다양한 콩 요리가 압권이다. 7,000원에 맛볼 수 있는 검은콩과 수제비의 환상적인 만남이 있는가 하면 여성 고객층을 사로잡는 12,000원짜리 형형색색 삼색만두 샐러드도 이채롭다. 또한 검은콩 동동주는 몸에 좋은 약주에 비길 바가 아니다. 더욱이 계룡산 자락으로 이어지는 갑동 상권의 맑은 공기와 수려한 풍광은 검은콩 수제비집의 고객 만족도를 배가시키는 요인이다.

나는 검은콩 수제비집의 명성을 전해 듣고 처음 갑동 상권으로 향했다. 유명하다는 음식점을 찾아나서는 길은 늘 설레기만 하다. 갑동에 들어서서 검은콩 수제비집 간판부터 찾았다. 어렵지 않게 검은콩 수제비집이 시야에 포착됐다. 2층 대형 음식점인 데다 외형상 원조로 보이기에도 손색이 없었다. 하지만 차를 돌려 그 집에 들어서는 순간 뭔가 이상하다는 직감이 들었다. 그 정도의 유명 음식점이 피크 타임인데도 너무 한산했기 때문이다. 주차장도 텅 비어있고, 음식점 안에는 딱 한 테이블만 손님이 있었다. 불안한 마음에 일행에게 전화를 걸어 확인한 순간 아연실색. 내가 찾았던 집은 원조집이 아니라고 지인이 소리쳤다. 빨리

대전의 동학사 가는 길목에 위치한 우희경 검은콩 수제비. 검은콩 수제비의 깊은 맛이 이곳 상
권을 열었다고 해도 지나치지 않다.

나와서 원조집으로 오라는 것이었다.

몇 번 고개를 조아리며 그 집을 뒤로 하고는 근처에 있는 '원조' 우희경 검은콩 수제비집을 찾을 수 있었다. 역시나 원조집은 분위기부터 달랐다. 1층의 고즈넉한 단독 주택을 개조한 가게는 손님들로 북적였다. 무엇보다 우희경 대표의 소박한 미소에서 원조집의 내공을 읽을 수 있었다. 한편 원조집에서 수제비의 감동스런 맛을 접하며 좀 전에 잘못 찾아간 원조 옆집의 경쟁력을 되새겨보지 않을 수 없었다.

원조 옆집에서 승부하려면 원조보다 모든 면에서 경쟁우위를 보여줄 수 있어야 한다. 원조집을 능가할 무기가 없다면 성공하기 힘들다는 단순한 결론을 내릴 수 있었다. 열 곳 이상의 음식점이 모여 원조 골목을 이룰 정도의 상권이라면 2등 음식점도 살아남을 수 있다. 하지만 몇 안 되는 유명 음식점 옆에서 살아남기 위해서는 원조집에 비해 확실한 비교우위를 점할 수 있어야 한다. 그렇지 않으면 원조집의 위세에 눌려 곤두박질쳐도 할 말이 없다.

창업 전문가 입장에서 원조집 옆에서 성공하는 사장들에게 박수를 보내고 싶다. 이들은 원조집을 따라잡기 위해 원조집 사장이 했던 몇 배의 노력과 열정을 쏟으며 원조집과 한판 경쟁을 치러왔기 때문이다. 반면 단순히 원조집의 명성만 믿고 큰 준비 없이 그 옆에 출점했다가는 원조집의 등잔 밑 가게로 전락할 수 있다는 사실을 잊어선 안 된다.

정든 닭발과 신선설농탕의
장수 비결

경기도 안산 중앙동에는 전국에서 1등하는 닭발 전문점이 있다. 한때 프랜차이즈 아이템으로도 주목받았던 불닭 전문점의 원조이기도 하다. 소형 자동차로 배달하는 횟수만도 하루 200회에 달한다. 상권 자체는 안산 중앙역 상권에 포진해 있지만, 애당초 가게의 경쟁력이 그리 뛰어난 편은 아니다. 1층이 아닌 2층 가게이기 때문이다.(지금은 1층으로 내려왔다.) 그렇다고 시설 경쟁력이 탁월한 것도 아니다. 2층에 올라가면 총 100평 규모의 매장이 2개로 나뉘어 있는데, 한쪽은 온돌형 한식당 분위기이고 다른 한쪽은 테이블을 둔 허름한 선술집형 분위기다.

안산에 사는 사람이라면 누구나 '정든 닭발'을 알고 있다. 그만큼 정든 닭발은 안산 사람들의 식생활 문화 코드로 자리 잡았다. 그렇다면 정든 닭발집이 전국에서 닭발집 경영으로 1등하는 비결은 무엇일까?

가장 큰 비결은 젊은 층을 유입하는 데 성공했다는 점이다. 안산에서 고등학교를 졸업하고 공식적으로 술을 배우기 시작하는 젊은 층이 가장 먼저 찾는 집 중의 하나가 다름 아닌 정든 닭발집이다. 이들 신세대 젊은이들은 정든 닭발집에서 이른바 캡사이신의 매운맛을 한껏 느끼며 주류 문화에 입문하는 셈이다.

매운맛을 달래기 위해 이곳에 가면 노란 환타를 곁들여 마실 수 있다. 그 밖의 메뉴로는 매운 닭발과 대비되는 '닭알찜'이라는 계란찜이

전부였던 데서 이후 오돌뼈, 양념똥집 등을 추가로 갖췄다. 재미있는 것은 이렇게 주류 문화에 입문한 젊은 소비층들이 대학을 졸업하고, 직장생활을 하고, 결혼을 하고, 아이를 낳고, 그 아이가 자라 스무 살이 되면 함께 정든 닭발을 다시 오기도 한다는 사실이다. 정든 닭발집은 젊은 20대 고객부터 중장년의 50~60대 고객까지 전혀 낯설지 않게 어울리는 공간이기도 하다. 바로 이 점이야말로 정든 닭발이 성공한 비결이라고 할 수 있다.

서울 신촌로터리 걷고 싶은 거리 한쪽에는 신세대 설농탕집의 원조 브랜드 '신선설농탕' 1호점이 있다. 십여 년 전 신촌 상권에 신세대 설렁탕집을 오픈했을 당시만 하더라도 주변 사람들은 의아한 시선을 보내곤 했다. 어떻게 대학가 상권에서 설렁탕집을 대형으로 오픈할 수 있을까에 대한 의문이었다. 하지만 이곳은 젊은 층을 유입할 시설 경쟁력과 포장 경쟁력을 겸비한 덕에 자리를 잡을 수 있었다.

맛은 전통적인 설렁탕 맛을 그대로 구현하면서 신세대 커플에게도 전혀 어색하지 않은 깔끔한 포장으로 상품력을 높였다. 예컨대 이제껏 뚝배기에 담아 나오는 설렁탕에서 손으로 잡아도 뜨겁지 않은 이중 스테인리스 설렁탕 그릇으로 바꿨다. 또한 수저통이 깔끔하게 테이블 하단에 정리되는 시스템으로 바꿨다. 인테리어 분위기 역시 젊은 대학생은 물론 연인이 찾아도 손색이 없을 정도의 경쟁력을 갖췄다. 이렇게 해서 신촌 신선설농탕은 신세대 젊은이들을 끌어들인 것은 물론 설렁탕집의 업그레이드 모델로 자리매김하기에 이르렀다.

예전 2층에 있었을 당시의 정든 닭발의 내부 모습. 정든 닭발이 성공한 결정적인 이유는 시설이 좋아서가 아니라, 남녀노소를 불문하고 누구나 한번쯤 혹은 다시 그곳에 가보고 싶도록 만들었다는 데 있다.

앞의 두 가지 사례에서 젊은 층을 유입하는 전략이 장수의 비결이 된다는 사실을 알 수 있다. 2026년경이면 우리 국민의 20% 이상이 65세가 넘는 초고령화 시대로 접어든다고 한다. 혹자들은 고령화 시대를 대비해 노년층을 주 대상으로 하는 실버 식당을 개업하면 어떻겠느냐는 의견을 개진해오기도 한다. 하지만 노년층만을 타깃으로 하는 것은 위험한 발상일 수 있다. 노년층은 무엇보다 소비력 자체가 높지 않은 측면이 있는 데다가, 자칫 외식의 메인 소비층에서 멀어짐으로써 경영난을 겪을 우려 또한 없지 않기 때문이다. 물론 향후 실버 대상 아이템들은 점차 늘어날 전망이기는 하다.

실버를 타깃으로 하더라도 젊은 층도 유입 가능한 아이템에 주목해야 한다. 1020 젊은 층을 유입시키지 못한다면 단골 고객의 수가 차츰 줄어드는 딜레마에 빠질 수 있기 때문이다. 그래서 창업의 선수들은 시장의 변화 추이를 늘 관심 있게 지켜본다. 젊은 층 수요야말로 미래 시장을 리드하는 주체이다. 다만 젊은 층이라고 해서 꼭 웨스턴 스타일만을 고집하는 것은 아니다. 특히 맛에 있어서만큼은 이들 역시 어려서 어머니에게 길들여진 맛 기준에 충실하기 마련이다. 게다가 이들의 입맛을 공략할 수 있다면 훗날 성인이 되어서도 단골 고객으로 발전할 공산이 크다고 하겠다. ♣

09

정통과 퓨전, 소비자의 선택은 어느 쪽일까?

;정통의 가치를 소중히 여기기

오랫동안 꿈을 그리는 사람은
마침내 그 꿈을 닮아 간다.
— 앙드레 말로

상권에 나가보면 '퓨전'이라는 타이틀을 단 음식점들을 종종 만날 수 있다. 퓨전fusion이란 라틴어의 'fuse(섞다)'에서 유래한 말로 이질적인 것들의 뒤섞임, 조화를 뜻한다. 최근 비즈니스 트렌드에 빼놓을 수 없는 컨버전스convergence와 일맥상통하는 단어이기도 하다. 90년대 중반부터 한국 외식 시장에 퓨전 바람이 불었던 것으로 기억한다. 퓨전 일식, 퓨전 한식, 퓨전 음식이라는 상호를 내세운 음식점들이 봇물 터지듯 생기기 시작했다.

당시 청담동 언덕배기의 뒷골목에는 우리나라 최초의 일식 퓨전 음식점 '와사비 비스트로'가 대박 행진을 이어가고 있었다. 일식 퓨전이라는 명칭이 재미있었는데, 정통 일식 스타일이라기보다는 일식과 양식의 퓨전 정도로 이해할 수 있는 음식점이었다. 그다지 호사스럽지 않은 인테리어에 다양한 스타일의 퓨전 메뉴들은 강남 지역 고급 수요층의 입맛을 공략하기에 충분했다. 특히 음식점 내부 곳곳에는 하와이 민속 벽걸이나 이국적인 그릇 류를 배치해 소비자의 눈길을 끌었다.

무엇보다 메뉴의 퓨전이 압권이었다. 일식 퓨전 레스토랑에 걸맞게 와사비 비스트로의 대표적인 상품 콘셉트는 정통 일식에 하와이안 재료를 가미한 초밥들이었다. 열대 과일인 아보카도를 주재료로 한 레인보우 롤은 색색의 초밥으로 하와이의 레인보우를 연상케 했으며, 아보카

도와 게살로 만든 롤은 정통 캘리포니아 롤의 진수를 보여주기도 했다. 그 외에도 태국 고추장으로 맛을 낸 '가이바시라' 등은 와사비 비스트로에서만 맛볼 수 있는 특별한 메뉴였다.

물론 가격이 저렴한 음식점은 아니었다. 당시 가격으로 애피타이저 류가 1만원, 롤 종류가 15,000~18,000원, 생선 초밥 25,000원, 디너 코스 요리가 4만원 정도였다. 이렇듯 저렴한 집이 아니었음에도 불구하고, 상품 하나하나가 퓨전 일식의 진수를 만끽할 수 있었던 덕분에 인기를 끈 바 있다. 하지만 아쉽게도 퓨전 일식의 원조였던 '와사비 비스트로'는 문을 닫고 새로운 음식점으로 훗날 바뀌었다.

그 많던 퓨전 음식점들은
다 어디로 갔을까?

이후 2000년대에 들면서 본격적으로 퓨전 음식점들이 문전성시를 이루기 시작했다. 그중 프랜차이즈 시장에서 퓨전 바람이 거셌다. 일본의 이자카야 형태의 퓨전 음식점들이 속속 생겨나기 시작했고, 한식의 퓨전 바람도 만만찮았다. 하지만 '퓨전'이라는 타이틀은 달았어도 성과는 크지 않았다. 프랜차이즈 시장에서는 식사류 음식점보다는 주로 호프집 시장에서 퓨전 요리 전문점이 시장을 주도했는데, 소비자에게 어필하기엔 다소 역부족이었다.

무엇보다 상품 경쟁력이 뒷받침되지 않은 채 분위기만 퓨전을 추구하는 브랜드들이 속출하면서 소비자들은 발길을 돌렸다. 당시에 수없이 등장했던 일본 선술집, 이른바 이자카야 프랜차이즈는 퓨전 음식점 실패 사례의 대명사로 일컬어지기까지 했다. 물론 지금도 제대로 하는 이자카야 브랜드를 일부 상권에서 찾아볼 수는 있다. 하지만 다점포 전략을 추구했던 일본 선술집 프랜차이즈는 소비자들로부터 외면받기 일쑤였다. 그 이유는 간단했다. 분위기는 일본 선술집 분위기로 잘 꾸몄지만 정작 중요한 상품 경쟁력이 없었기 때문이었다. 기본을 소홀히 한 탓에 소비자 감동으로 이어지지 못한 것이다.

일부 일본 선술집 프랜차이즈 브랜드들의 실패는 퓨전의 가치에 대해 다시 한 번 생각하게 했다. 소비자들도 이제는 더 이상 퓨전이라는 단어 자체에 호감을 보이지 않는다. '퓨전 음식' 하면 자칫 짝퉁 음식으로 잘못 인식되기도 하는 게 현실이다. 와사비 비스트로가 성공할 수 있었던 이유는 충분한 상품력을 갖춘 상태에서 일식과 양식의 적절한 조화를 시도했기 때문이었다. 겉만 그럴듯한 시설의 퓨전만으로는 한계가 있을 수밖에 없는 것이다.

한식의 퓨전 바람 역시 소비자 반응은 싸늘하기만 했다. 최근 한식 퓨전으로 유명한 어느 음식점의 경우, 소비자 조사를 해보면 2~3만원의 점심 정식 가격에 비해 상품력은 너무 떨어진다는 의견이 지배적이다. 나름대로 고급 레스토랑 분위기를 꾸몄으나 상품 만족도는 떨어진다는 얘기다. 소비자들은 퓨전 음식점이라고 하더라도 음식의 상품 가치만큼은 정통 수준을 그리워하고 있다는 방증이기도 하다.

'정통'의 가치는 사라지지 않는다,
겐로쿠 우동

퓨전 바람이 주춤할 무렵 상권에서는 '퓨전'이라는 것도 결국 '정통'의 가치 속에 존재한다는 사실을 깨닫기 시작했다. 얄팍한 퓨전 음식점들이 생겨날수록 정통의 가치는 더욱 빛난다는 것이다. 그 대표적인 사례가 바로 '겐로쿠 우동'의 성공이다.

겐로쿠 우동의 이강우 대표는 2001년 일본 규슈의 일본문리대학으로 유학길에 올랐다. 지금도 그렇지만 당시에도 대다수 유학생들은 알바로 생활비와 학비를 조달했다. 이강우 대표 역시 예외일 수는 없었다. 그는 오이타 현에서 30년 전통, 3대째 내려오는 우동집에서 알바를 시작한 인연으로 일본에서 우동과 라면 요리의 정수를 익히는 기간을 거쳤다. 그를 좋게 본 가게 주인이 규슈의 줄서는 우동집을 소개해줬고, '어떤 일이 주어지든 목숨 걸고 열심히 하겠다'는 다짐에 합격할 수 있었다. 이후 설거지 6개월, 조리 준비 6개월, 면 만들기 6개월 등 일본 음식점 장인들이 걸었던 과정과 똑같은 방식으로 3년 동안 일본 면 요리 세계에 몰입한 끝에 모든 비법을 배울 수 있었다.

그렇게 해서 2010년 8월, 이강우 대표는 홍대 주차장길 이면도로의 10여평 반지하 가게에서 '겐로쿠 우동'이라는 규슈 지방의 정통 토종닭 우동집을 오픈할 수 있었다. 독특한 소스를 이용한 겐로쿠 우동의 국물과 면 맛에서 상품력을 완벽하게 구현하는 것은 기본이었다. 그는 일본 음식점 장인들이 생명처럼 소중히 여기는 서비스 마인드까지 그대로 보

홍대 겐로쿠 우동의 1호점 매장 모습. 현재는 홍대 주차장길 2층의 넓은 공간으로 자리를 옮겼
는데, 본점은 일본의 규슈에 있다는 소문이 있었을 만큼 그 맛을 인정받고 있다.

여주었다. 재미있는 것은, 겐로쿠 우동에는 주방 인원과 홀 인원의 경계가 없다. 조리하는 인원이 직접 고객에게 서비스를 하는 시스템인 것이다. 시설도 일본 정통 음식점에서 흔히 볼 수 있는 원목 소재를 이용한 인테리어와 기와를 접목시켜 운치 있는 우동집을 연출했다.

홍대 상권의 중하급지 반지하 점포에서 오픈한 겐로쿠 우동은 당시 하루 평균 내점고객이 줄잡아 200명에 육박했다. 주말의 1일 매출액은 200만원을 넘나든다. 작은 매장의 월 평균 매출액이 4,000만원을 훌쩍 넘기는 것이다. 놀라운 기록이 아닐 수 없다. 이러한 성과에 힘입어 2호 건대점, 3호 대학로점, 4호 신촌점 등 총 17개의 가족 점포가 영업 중이다. 대형 브랜드도 아니고, 저마다 오픈한 매장들이 월 임대료 200만원 안팎의 중하급지인데도 그렇듯 소비자 반응이 뜨거운 이유는 무엇일까? 달리 말해 요즘 같은 불경기에 1억 5,000만원 정도의 투자비로 월 매출 4천만원, 월순익 1천만원 이상의 가치를 창출해내는 비결은 무엇일까?

나는 그것을 '정통의 가치'에 충실한 데서 찾는다. 사실 이강우 대표는 단순히 일본 규슈의 토종닭 우동 아이템을 구현하는 데 그치지 않았다. 한 그릇의 우동이 고객에게 서비스되기까지의 모든 과정에 스민 장인 정신, 이강우 대표는 그 정통을 그대로 되살린 것이다.

언젠가 이강우 대표에게 직원의 가치에 대해 물었더니, 그는 한 치의 주저함도 없이 이렇게 대답했다.

"직원은 왕입니다. 우동집이 잘되기 위해서는 정통의 맛을 추구하는 것도 중요하지만, 왕처럼 대접받는 직원들의 활기를 팔아야 합니다."

장인의 풍모가 느껴지는, 성남 바다 횟집의 박영신 대표 부부. 30여 년 동안 외길을 걸어온 내공
은 쉽게 흉내 낼 수 있는 게 아니다.

코드가 맞는 예비 창업자들에게 그 기회를 부여할 필요가 있다는 것이다. 실은 90년대 후반에 '전수 창업'이라는 용어를 내가 처음 쓰면서 의도했던 것도 바로 그런 이유에서였다. 창업 시장 관점에서 보더라도 10년 이상 꾸준히 운영되어온 음식점이야말로 가장 안정적이고 좋은 아이템이라고 여겨진다. 요즘 상권에서는 프랜차이즈 가맹점 형태의 음식점 실패 사례가 너무 많이 속출하고 있다. 그에 비해 오래된 독립형 음식점들은 비록 화려하지는 않아도 상권에서 수십 년 동안 사업성만큼은 충분히 검증되었다.

다행히 전수 창업의 사례는 최근 부쩍 늘어나고 있다. 하지만 상권에서는 대를 잇는 전수 창업이 그저 기존 음식점들의 부가수익 모델로 잘못 인식되는 경향도 있다. 물론 이해는 된다. 하지만 기존 성공 음식점 사장님이 전수 창업을 진행할 때는 수익 모델로 접근하기보다는 '성공 패러다임의 공유'를 통한 사회적 가치를 먼저 생각하는 게 옳다. 때문에 대를 잇는 창업자 선정부터 신중해야 한다. 돈만 들고 와서 대를 잇겠다고 전수 창업을 청탁하는 사례도 늘고 있기 때문이다.

창업자 입장에서 전수 점포의 선정 기준은 자기 자본 및 본인 사업 적성과의 적합성 여부, 시장에서의 라이프사이클 등이다. 물론 어느 점포가 호황이라고 해서 모두 전수를 받을 수 있는 것은 아니다. 또한 전수가 결정되면 단순히 조리법을 배우는 것에 그치지 말고 원재료, 유통 사업 등의 주방 관리, 직원 운용과 관련된 홀 관리, 경영자의 운영 철학 등을 제대로 전수받아야 한다. 기간 역시 가급적 자신이 생길 때까지 충분히 전수받는 것이 중요하다.

그런데 일부의 사례이겠으나, 예비 창업자의 딱한 사정이 악용되는 경우도 있다. 일전에 30대 창업 예비자로부터 전수 창업에 관한 최근의 얘기를 들을 수 있었다. 경기도 일대 유명 칼국수집에서 전수 창업을 받고 있다고 했다. 칼국수에 대한 전수 비용은 1,500만원, 전수를 받는 기간은 1개월이라고 했다. 문제는 인테리어 시공 역시 칼국수집 주인이 소개하는 업체에 맡겨야 한다는 것이다. 더 기가 막힌 사실은 원재료까지 주인집에서 공급받아야 한다는 얘기였다. 아연실색하지 않을 수 없었다. 외형적으로는 전수 창업을 표방하면서 실제로는 허접한 프랜차이즈 시스템을 적용하고 있었기 때문이다. 창업자 입장에서는 이미 계약을 하고 전수비를 지불했기 때문에 하는 수 없이 주인이 시키는 대로 창업을 진행하고 있다고 했다. 이렇게 해서 성공적인 칼국수집을 만든다면 사실 큰 문제가 없다. 하지만 그렇지 않을 경우 오히려 창업자에게 피해만 양산할 수 있다.

전수 창업은 프랜차이즈 창업과는 다른 창업자 중심의 실속 창업법이다. 다만 단순히 메뉴 중심의 짝퉁 전수가 아닌 제대로 된 전수가 절실하다고 하겠다. 수십 년 동안 사업성이 검증된 모 점포에서 한 달이 걸리든 일년이 걸리든 해당 음식점의 핵심 노하우와 가치를 제대로 이어받는 것이야말로 일본 상권에서 만날 수 있는 도제 방식의 창업법과 맥을 같이한다. 그렇게 누군가의 대를 잇는다는 것은 그 사람의 삶의 가치를 이어간다는 의미가 아닐까? ♣

10

장사가 잘되는 집은
다 이유가 있다

;단골이 늘어나는
가게의 조건

무엇을 팔 것인지 고민하는 이상으로
어떻게 팔 것인지를 고민하라.
— 창업통 김상훈

오래전 서울 강남역 상권에 세간의 주목을 받았던 호프집이 있었다. 이른바 '셀프 호프'였다. 당시로서는 언론 매체에서 앞 다퉈 소개할 만큼 뉴스가 되었던 아이템이었다. 하지만 이 가게는 1~2년을 버티지 못하고 시장에서 도태되고 말았다. 이유가 뭘까?

가장 큰 실패 원인은 생맥주집 고유의 특성을 무시한, 소비자 중심이 아닌 운영자 중심의 아이템이라는 점이 패착이었다. 즉, 테이블에 설치된 셀프 호프 시스템을 이용해 손님들이 알아서 맥주를 따라 마시라는 것이었다. 얼핏 보면 운영자의 편의성을 높이고 인건비도 절감할 수 있을 것처럼 보인다. 하지만 이는 어디까지나 운영자 입장일 뿐, 소비자의 스타일을 철저히 배격한 콘셉트였다.

생맥주집을 찾는 소비자들은 직접 맥주를 챙겨서 마시기보다는 "맥주 한잔 더 주세요!"라고 힘차게 외치며 마셔야 제격이라고 생각한다. 그래야 대접받으며 마신다는 느낌도 든다. 하물며 술을 잔에 따르면 동시에 테이블 계기판의 금액까지 올라가는 시스템이었으니 한국 소비자의 정서상 술맛이 떨어지는 것도 당연하지 않았을까?

고객 관리의 첫걸음은
얼굴 기억하기

한국인들은 원래 셀프 서비스에 익숙하지 않다. 개중에는 셀프 서비스를 낯설게 느끼는 손님도 여전히 존재한다. 흔히 분식집 벽면에는 '물은 셀프'라는 POP가 붙어있는 경우가 많은데, 소비자는 내심 셀프보다는 직원이 물 한잔이라도 정성스럽게 테이블까지 갖다 주기를 원한다. 물론 스타벅스 같은 대형 커피 전문점에서는 셀프 시스템이 정착되어 가고 있기는 하다. 하지만 우리 정서에는 큰 자본을 투자해서 오픈했으니 '이곳에서는 셀프가 법인가 보다'라고 여겨 쉽게 받아들이는 것일 수 있다.

대접받기 좋아하는 한국 소비자들의 소비 행태를 잠깐 언급하자면, 한국인들은 가게 주인이 나에게 어떤 태도로 다가오는지에 대해 내심 관심을 갖는다. 더욱이 그 가게를 한 번이 아니라 두 번, 세 번 방문했는데도 주인이 본체만체하고 시큰둥하다면, 아무리 그 가게의 음식이 맛있다고 해도 별로 유쾌해하지 않을 뿐더러 만족도 또한 높지 않다.

반면 음식 맛은 보통일지라도 주인이 진심으로 반기는 표정을 보이며 깍듯이 대하는 매장에서는 소비자 만족도가 상당히 높아진다. 쉽게 생각해보자. 갈 곳 많은 한국 사람들이 어쩌다 자신이 한턱 내는 날, 단골 식당을 방문했을 때 주인이 극진하게 대해준다면 절로 으쓱해지지 않을까. 이 모두가 대접받기 좋아하는 한국인들의 단적인 소비 행태라고 할 수 있다.

그렇다면 이처럼 대접받기 좋아하는 한국인들을 대상으로 장사를 한다면 어떤 준비가 필요할까? 먼저, 사람을 기억하는 연습부터 해야 한다. 처음 보는 사람인지, 두세 번 만난 사람인지 등을 늘 기억하고자 애쓰는 것이다. 어떤 가게를 운영하든 사람을 기억하는 일 자체가 고객 관리의 첫 번째라고 할 수 있다. 일단 상대방 고객에 대한 기본 정보를 기억해야만 그 다음 단계의 서비스 실천도 가능하기 때문이다. 예를 들어 가족 단위 고객에게는 아이들의 머리 모양까지도 기억해 관심을 표시한다면 만족도는 더욱 높아질 수밖에 없다.

두 번째는 고개를 숙이는 연습이 뒤따라야 한다. 나이 고하를 불문하고 창업자 입장에서는 고객들에게 먼저 고객 숙이는 자세를 생활화, 습관화해야 한다. 영업을 하면서 나이의 많고 적음을 따지는 것은 프로의 자세가 아니다. 성공과 실패의 길은 아주 작은 서비스 품질 하나로도 결정될 수 있다. 주인의 작은 행동 하나가 결국 가게의 전체적인 서비스 수준을 드러내기 때문이다.

단골 고객을 만드는 4가지 전략

'단골'이라는 말을 국어사전에서 찾아보면 '늘 거래하던 관계 또는 그런 사람'이라고 나와 있다. 틀린 설명은 아니지만, 다소 딱딱한 느낌을 지울 수 없다. 단골은 순우리말이다. 그런데 손님과 고객, 그리고 단골 고객은 어떤 차이가 있을까? 일단 손님은 매장에 한 번 이상 찾아온 사람을 통칭한다. 고객은 한두 번 구매한 경험이 있으며, 주로 재구매를 위해 찾아오는 사람을 의미한다. 그리고 매장에 자주 찾아오는 사람을 단골 고객이라고 할 수 있다.

장사가 잘되는 가게에서는 단골이 전체 고객의 80%에 육박하는 매장도 있다. 그만큼 단골이 많은 가게일수록 안정적인 매출을 올리는 데 도움이 된다. 때문에 음식점은 물론 비즈니스에 종사하는 모든 이들은 단골 고객 잡기에 혈안이 되어있다. 그렇다면 단골을 확실하게 늘릴 수 있는 방법에는 어떤 것이 있을까?

첫째, 전적으로 상품이 탁월해서 단골 고객이 많아지는 경우다. 사실 음식점에서 단골 고객이 많다는 것 자체로 맛 경쟁력은 재론할 필요가 없다. 심지어 음식 맛 하나로 고객이 줄을 서는 가게에서는 서비스 경쟁력이 실종된 경우도 있다. 사실 손님들조차 서비스에 대해서는 큰 기대를 하지 않는다. 오로지 그 맛을 떠올리며, 그 맛을 보기 위해 단골 음식점을 반복 방문한다. 시설은 허름해도 오직 맛으로 승부를 거는 전통적인 한식당들이 여기에 속한다.

한식이 아닌 외국 음식점 중에 탁월한 음식 맛으로 단골이 넘치는 가게도 물론 적지 않다. 서울 세종문화회관 주차장 옆 먹자골목에 들어서면 1층에 10평 남짓의 작은 스파게티 매장을 발견할 수 있다. '뽐모도로'라는 곳이다. 뽐모도로는 전직 호텔 주방장 출신 몇 명이 합자해서 오픈한 분식형 스파게티 전문점이다.

이곳은 점심시간이면 30~40대 직장인은 물론 20대 여성들이 줄을

손님이 줄을 서는 음식점의 첫 번째 이유는 단연 맛인데, 매장이 수수하고 평이하기는 해도 뽐모도로는 맛만으로 충분한 경쟁력을 갖췄다고 볼 수 있다. 여기에 우수한 입지와 분식형 스파게티점이라는 콘셉트도 장점에 속한다.

서있는 풍경을 심심찮게 목격할 수 있다. 보통 스파게티점은 30평 이상의 대형 매장으로 고급스럽게 오픈하는 경우가 일반적인데, 뽐모도로는 맛만으로도 탁월한 경쟁력을 갖춘 셈이다. 지금은 스파게티 맛의 상향 평준화가 많이 이루어졌지만, 한때 스파게티를 좋아하는 사람들에게 우리나라에서 가장 맛있는 스파게티점 하면 단연 일순위로 꼽는 음식점이 바로 광화문 뽐모도로였다. 그 명성에 걸맞게 한번 이곳에서 맛을 본 고객들은 단연 '넘버원'을 외쳤던 것이다.

해물 스파게티 하나만 보더라도 금방 차이를 느낄 수 있다. 우선 대구살 등 신선한 해산물이 풍부한 것이 특징이다. 또한 한국인 입맛에 딱 맞는 독특한 소스 맛은 감탄을 연발하고도 남는다. 스파게티를 좋아하는 사람들은 광화문 뽐모도로를 방문하고서야 스파게티 맛의 진수를 맛봤다며 극찬을 아끼지 않는다. 이처럼 광화문 뽐모도로는 스파게티 맛으로는 단연 으뜸이었고, 이로 인해 단골 고객도 점차 늘어난 사례라고 할 수 있다.

둘째, 입지와 시설 경쟁력으로 단골 고객을 확보하는 경우다. 대표적인 곳이 대형 상권 상급지에 위치한 매장들이다. 지금은 사라졌지만, 하루 20만 명 이상이 오가는 서울 강남역 10번 출구 앞에는 '기린 비어 페스타'라는 퓨전 일식 주점이 있었다. 규모만도 100평이 훨씬 넘었는데, 입구에는 고객 대기석이 따로 마련돼 있었다. 이 집은 기본적으로 10~20분은 기다려야만 좌석을 차지할 수 있었다. 손님들도 기다리는 것에 익숙해질 정도였다. 안내 카운터에 접수를 하고 대기석에서 여유롭게 기다리다 보면 마이크에서 순번대로 고객을 안내한다. 기린 비어 페스타의 성공은 탁월한 입지 경쟁력과 차별화된 시설 경쟁력이 만들어 냈다고 할 수 있다. 지극히 동양적인 인테리어 포맷은 음식점 인테리어 업계에 종사하는 전문가들로부터 벤치마킹 사례로 꼽힐 만큼 뛰어난 시설 경쟁력을 자랑하기도 했다.

셋째, 주인의 경쟁력이 뛰어나서 단골이 많은 케이스다. 서울 압구정동 선샤인 호텔 앞에는 '등나무집'이라는 삼겹살집이 있었다. 지금도 예전처럼 영업을 하는지는 모르겠는데, 이 음식점은 주인의 경쟁력이 단연 돋보였다.

이곳의 주인인 김진호 대표는 매일 저녁 7시 30분이면 어김없이 무대에 올라 기품 있는 성악곡을 열창했다. 레퍼토리도 다양했다. 오페라 아리아부터 샹송, 칸초네, 한국 가곡까지 다양한 성악을 선물한 것이다. 고객들은 삼겹살에 소주 한잔을 걸치다가도 이 시간만 되면 마치 공연장에 온 듯한 운치를 만끽할 수 있었다.

사실 김진호 사장은 '아버지 합창단' 수석 테너였는데, 자기가 좋아하는 음악을 음식점과 결부해 차별화된 마케팅으로 승화시킨 성공 사례이기도 하다. 압구정동 등나무집을 찾는 고객들에게는 삼겹살 맛도 중요했지만 그보다는 주인의 이벤트에 더 관심이 많았다. 이 명성에 힘입어 한때 프랜차이즈 브랜드로 널리 퍼지기도 했는데, 지금은 상권에서 등나무집 간판을 발견하기란 쉽지 않다.

넷째, 음식 맛과 함께 차별화된 마케팅으로 단골을 늘려간 케이스다. 서울 신촌에는 '아저씨네 낙지찜'이라는 낙지 전문점이 있다. 예전에 이곳에는 '남성 출입금지'라는 표지판이 있었다. 이 무슨 성차별이냐고 반문할지도 모르겠는데, 이 음식점에는 남성끼리는 출입할 수 없으며 반드시 여성이 한 명 이상 포함돼야 입장이 가능했다.

고객층을 제한한다는 발상이 상당히 이채로웠다. 절반의 매상을 포기할 수 있느냐며 주위에서 반대하기도 했지만, 오히려 그 자체가 경쟁력이 되어 단골이 꾸준히 늘었던 것으로 기억한다. 아무래도 남자들끼리만 오게 되면 술을 많이 마시게 되고 주사를 부리는 경우도 있어서 아이디어를 낸 듯하다. 또 하나의 마케팅 기법으로는 '1인당 소주 한 병' 이상은 팔지 않는다는 철칙이다. 이러한 마케팅에 힘입어 아저씨네 낙지찜은 신촌 대학가에서 이름을 날리는 가게로 자리를 굳혔다.

이렇듯 장사가 잘되는 가게는 맛이 됐든, 입지가 탁월하든, 주인의 경쟁력이 뛰어나거나 마케팅 방법이 주효했든 다 나름의 이유가 있다. 단골 고객을 만드는 것은 가게를 운영하는 경영자들의 첫번째 관심사다. 하지만 앞에서 살폈듯이 그 방법은 제각각이다. 나와 우리 가게에 맞는 단골 고객 확보 방법을 고민해야 하는 것이다. 불경기 때는 단골 고객층이 두터운 음식점일수록 경기를 덜 타기 마련인데, 관건은 이미 확보된 단골을 유지하는 전략도 중요하지만, 그에 못지않게 신규 단골을 만들어 가는 전략이 더더욱 중요하다고 할 수 있다. 매출이 늘지 않는 음식점은 신규 고객이 늘지 않는다는 특징이 있다. 아는 사람만 오는 음식점으로 전락하는 경우가 많기 때문이다. 혹시 우리 가게는 그 같은 상황에 처해 있지 않은지 되돌아볼 일이다.

홍대 '맛불작전'의
줄서는 비결

　　　　　　　　　　서울 홍대 정문 앞 공원길에 있는 지하 점포에는 닭불고기 아이템으로 '작전하듯이' 고객몰이를 하는 가게가 있다. 맛있는 불고기 작전, 줄여서 '맛불작전'이다. 맛불작전에서는 메인 시간이나 주말이면 줄이 길게 서있는 풍경을 흔히 볼 수 있다. 사실 줄서는 가게로 자리매김한다는 것은 우리나라에서 영업 중인 모든 자영업 사장님들의 공통적인 로망이다. 하지만 줄서는 집에는 반드시 이유가 있다. 하루아침에, 어느 날 갑자기 줄서는 가게가 탄생하지는 않는 것이다. 맛불작전 역시 마찬가지였다.

　　지하 점포에서 고객 유입력을 높이는 가장 중요한 포인트는 브랜드 네이밍과 상호 디자인, 그리고 전면 사인 경쟁력이다. 그런 측면에서 맛불작전은 홍대를 찾는 10~20대는 물론 3040 수요층에게도 어필할 수 있는 상호다. 시선을 사로잡기에 충분한 상호에, 메인 콘셉트는 '맛있는 닭불고기집'으로 차별화했다.

　　지하 점포로 내려가는 벽면에는 맛불작전의 유래가 담긴 스토리보드가 있다. 여기에는 2011년 7월, 화곡동 상권의 테이블 5개 작은 가게에서 '왜 닭갈비집에는 기름진 닭갈비와 양배추만 가득한 걸까?'라는 물음과 함께 맛불작전이 태동했으며, 손수 주인장이 32가지 천연 재료를 이용해 맛있는 양념을 개발했고, 국물 또한 직접 만든 전골식 닭불고기가 탄생했다는 이야기가 손글씨로 적혀 있다. 김동규, 한영주 부부가

맛불작전의 입구는 좁고 허름해도 홍대의 대표적인 줄서는 맛집 중 하나다. 아이템이나 맛과 함께 호기심을 자극하는 상호가 큰 경쟁력이라고 할 수 있다.

만들어낸 스토리텔링의 모범 사례라고 할 수 있는데, 사실 홍대에서 앞서가려면 이 정도는 기본인지도 모른다.

맛불작전의 메뉴판은 의외로 간단하다. 날치알이 들어간 알쌈 닭불고기, 마요네즈를 곁들인 마요닭불고기, 누들닭불고기, 그리고 신메뉴인 오즈 닭불고기 등이다. 저렴한 것은 2인분 기준 14,000원에서 가장 비싼 오즈 닭불고기는 2인분 20,000원이다. 술 한잔까지 곁들인다면 객단가 1만 5,000원까지 올라가는 것이다. 오즈 닭갈비라는 이름은 '오직 99.9% 진짜 치즈'의 준말로 '오즈'를 붙였다고 한다. 그리고 객단가를 높이는 방법 중 하나로서 세트 메뉴도 선보이고 있다.

젊은 층 고객을 위해 먹는 방법을 친절하게 안내하는 것도 눈에 띈다. 주문하는 법, 먹는 법, 그리고 마지막 볶음밥 마무리까지 잘 설명돼 있다. SNS 입소문 차원에서 가게 사진을 카카오스토리, 페이스북, 인스타그램, 블로그에 올리고 직원에게 보여주면 음료수 1병을 무료로 주는 것도 이색적이다.

지하에서 영업할 때는 몇 가지 신경 써야 할 게 있다. 냄새를 잡아야 하는 것은 기본이고, 지하이지만 지하 매장 같지 않은 실내 분위기 연출이 핵심이다. 그중 중요한 포인트는 천장 공간이다. 특히 술을 파는 음식점에서는 술맛 나는 분위기가 관건이다. 그런 측면에서 맛불작전의 천장 인테리어는 독특하면서도 운치가 있다.

한편 벽면에는 주인장이 직접 개발한 특급 비법 양념에 대한 설명이 부착돼 있다. 영양 고춧가루, 무안 양파, 의성 마늘, 태안 천일염 등의 국산 원재료를 사용했다고 한다. 이처럼 요즘에는 증거를 보여줘야 하는

맛불작전의 심플하면서도 분위기 있는 실내 모습. 메뉴에는 작전 1, 작전 2 하는 식으로 추천 메뉴를 구성하고 먹는 법을 친근하게 설명하는 등 젊은 층에 적극적으로 어필하고 있다.

시대인 것이다.

맛불작전에는 커플 고객이나 여성 고객들이 유난히 많다. 사실 음식 장사는 여성 고객층이 중요하며 그것도 10~20대 여성의 입맛을 공략하는 것이 성공의 핵심인데, 맛불작전은 맛과 젊은 부부의 재치 있는 센스가 돋보인다고 할 수 있다. 홍대를 찾는 고객들이 줄서는 이유가 분명 있는 것이다. ♣

11

아날로그 테마가
돈이 되는 세상

; 옛맛의 가치에 주목하기

IT는 진공청소기처럼 무서운 힘으로
아날로그적인 것을 디지털의 세계로
빨아들이고 있지만, 문화는 오래 내려오는 식성처럼
좀처럼 변하지 않는다.
— 《디지로그》(이어령 지음) 중에서

《디지털이다》와 《디지로그》란 책이 있다. 《디지털이다Being Digital》는 1990년대 중반에 나와 큰 이슈가 되었는데, 저자인 네그로폰테 교수는 90년대에 오늘날의 인터넷 세상을 정확히 예측해 냈다. 그는 이제 세상은 디지털 중심으로 바뀐다고 역설했다. 그에 비해 이어령 교수는 《디지로그Digilog》라는 책을 출간했다. 이 책의 요지는 디지털 세상일수록 아날로그의 소중함을 깨닫게 된다는 데 주목하고 있다. 디지털 세상에서 사람들은 감성을 잃어버리고 컴퓨터에 매몰되어 살 것 같지만 한편으로는 아날로그 감성에 목말라 한다는 얘기다. 즉, 디지털은 반드시 아날로그와 만나게 된다는 의미이기도 하다.

일본의 외식 상권을 탐방하다 보면 그 같은 디지로그 현상을 곳곳에서 확인할 수 있다. 동경은 물론 오사카, 교토, 나라 등 어느 지역을 가더라도 디지로그 개념의 외식업 모델이 눈에 띄는 것이다. 수십 년, 수백 년 전통을 자랑하는 옛맛을 구현하는 모습부터 시작해 음식점 경영과 관련된 시설의 차별화 전략, 눈에 띄는 복장과 서비스, 간판만 하더라도 다양한 아날로그적 감성을 비즈니스 요소로 승화시키고 있다. 디지털 문명이 지배할 것 같은 일본 상권에서 오히려 아날로그 감성이 소비자들의 지갑을 열게 하는 것이다.

'옛날 맛'이
비즈니스 가치를 만든다

일본 상권에서는 유난히 옛날 맛을 그대로 보존하려는 분위기가 강하다. 나라역 앞 상점가 입구에는 '나카다니도中谷堂'라는 줄서는 떡 가게가 있다. 이 가게는 1시간마다 떡메로 떡을 치는 모습을 연출한다. 흰옷 복장을 한 건장한 남자 둘이서 옛날에 하던 방식 그대로 나무 절구통에 떡을 넣고 내려치는 모습은 관광객의 재미있는 볼거리가 아닐 수 없다. 설날에 남산 한옥 마을에서 찹쌀떡을 만드는 풍경과도 비슷하다. 다만 이 가게는 특별한 날에만 이벤트로 하는 게 아니라 매일같이 전통적인 방법으로 떡을 만든다. 물론 마케팅의 일환인 측면도 있는데, 옛날의 맛은 100% 아날로그적인 손길에서 비롯되기 때문이다. 또한 사람들이 그렇게 여기기 때문이다.

《식객》의 허영만 선생은 '우리나라에서 맛있는 음식은 우리나라에 계시는 어머님 숫자와 같다'라고 일갈한 바 있다. 한국이나 일본이나 가장 깊은 맛은 그 옛날 어머니의 손에서 나온다는, 오래된 맛의 가치를 표현한 말이다. 비단 떡집뿐만이 아니다. 일본의 라멘 가게, 우동 가게, 작은 초밥집에서도 수십, 수백 년 동안 전해오는 전통의 맛을 그대로 복원해 서비스하는 곳이 많다. 인스턴트 요리가 넘칠수록 그 가치는 더욱 두드러진다. 옛날 맛이 돈 되는 시대라고 해도 과언이 아니다.

음식 맛 외에 음식점 시설에 아날로그적 특성을 잘 살리는 것 또한 그러하다. 일본에는 옛날 시설을 그대로 보존하고 있는 집이 꽤 많다. 그 자체로 시설 경쟁력이 되는 것이다. 인테리어의 아날로그 포인트는 역시 원목이나 목재 같은 소재에 있다. 목재가 철재나 시멘트, 타일보다는 소비자에게 친근함을 부각시키는 요소이기 때문이다. 음식점의 깊은 맛과 어우러져 아늑한 느낌을 주는 것이다.

일본의 오래된 외식 상권의 공통점 중 하나는 익스테리어, 즉 외장 경쟁력이 뛰어나다는 점이다. 가게 외부에 고객을 유인하는 장치가 많다. 특히 작은 이동식 사인물에 직접 손으로 쓴 상품 소개는 정겹기까지 하다. 이는 고객에 대한 배려인 동시에 소비자로 하여금 해당 음식점의 대표 메뉴를 금방 인지하고 구매 여부를 결정할 수 있도록 해준다. 일본 상인 정신의 상징이라고 할 수 있는 '노렌(처마 끝에 상호가 그려진 가리개로 가게의 신용을 상징한다.)' 하나에도 아날로그 감성은 숨어있다.

교토나 나라 같은 전통이 살아있는 도시의 상권을 다니다 보면 옛날에 대한 흔적이 곳곳에 남아있다. 도시의 건축 분위기부터 시작해서 상권의 구석구석에는 옛것의 향취가 가득하다. 그런데 재미있는 것은 옛것이 현대인의 감성을 자극하고 있다는 사실이다. 이 또한 디지로그라 할 수 있다. 오래된 우동집은 물론, 라멘집, 작은 이자카야에서도 예부터 내려오는 외식 문화의 흔적을 찾을 수 있다. 굳이 교토나 나라 상권이 아니더라도 동경, 오사카 일대 어디를 가더라도 오랜 역사를 지닌 '음식 이야기'를 다양하게 만날 수 있다. 물론 부친의 가업을 자식 중 한 명이 반드시 이어받는 일본의 관습에 영향을 받은 바 크다. 그래서 도쿄 대학을 졸업하고도 작은 식당을 경영한다거나, 작은 라멘집 하나도 수십 년 전통을 지닌 경우를 종종 본다. 옛날 그대로의 맛, 그리고 오랜 전통이

오사카의 대게 요리 전문점인 가니 도라쿠道樂(위쪽)와 다루마를 캐릭터로 사용하고 있는 튀김
요리 전문점 '다루마' 전경. 가게의 상징을 전면에 크게 배치해 시선을 끌고 있다.

이들 가게의 크나큰 경쟁력이 된다는 것은 말할 나위도 없다.

한국의 외식 상권도 디지털 세상으로 빠르게 변화하고 있다. 하지만 디지털에 대한 수요가 많을수록 동시에 아날로그에 대한 소비자 감성과 향수는 높아지기 마련이다. 쉬운 예로 전자책과 종이책의 느낌 차이를 떠올려보자. 자영업 경영자 입장에서 이제는 디지털과 아날로그를 적절하게 결합한 '디지로그 영업 전략'에 집중할 시기인지도 모른다. 옛것의 가치를 오늘의 소비자 가치로 되살리려는 노력이야말로 호불황과 시대를 뛰어넘는 경쟁력을 만들어줄 것이다.

소비 트렌드로 보는
마케팅 코드 10

해가 바뀔 무렵이면 언제나 서울대 트렌드 분석센터 김난도 교수의 책《트렌드 코리아》를 읽는다. 2015년판에서 김 교수는 한 해를 관통하는 소비의 큰 흐름을 10가지 키워드로 제시하였는데, 그의 짚어낸 트렌드를 창업자 입장에서는 어떻게 이해하고 대비하면 좋을까?

그가 제시한 우리 사회의 첫 번째 소비 트렌드는 '햄릿 증후군'이다. '죽느냐 사느냐, 그것이 문제로다'로 대변되는 우유부단함을 소비 현상의 하나로 지적한 것인데, 쉽게 말해 요즘 소비자들은 무엇을 구매하면 좋을지 결정하기 힘들어한다. 이른바 'MAYBE 세대'의 출현으로, 만약

식당에서라면 메뉴를 정하는 것의 어려움이다. 그래서 사람들은 주위의 결정에 "나도 그거!" 하며 따라 하기를 좋아하는지도 모른다. 여기에 대해 이들 소비자에게 결정을 대신해주는 장치가 필요하다. 결정을 쉽게 내리도록 친절하게 도울 수 있어야 한다. 예컨대 메뉴 북에서 설명하고, POP로도 설명해줘야 한다. 나아가서는 서빙 직원이 어떤 메뉴가 나을 것인지를 추천해주어야 하는 시대라는 얘기다.

두 번째 트렌드로는 '감각의 향연'이 필요하다고 말한다. 창업 시장에서는 소비자들의 다양한 감각, 즉 오감에 포커스를 맞춘 마케팅 전략이 필요하다. 매장을 꾸밀 때도 단순히 시각적인 경쟁력뿐만 아니라 후각, 촉각, 미각, 청각까지 감안한 꾸미기 전략이 필요할 수 있다.

일본의 다이닝 레스토랑은 그런 측면에서 좋은 교과서다. 문을 열고 들어서면 매장 가운데로 시냇물이 흐르면서 물소리, 새소리, 바람 소리가 귓전에 들리고, 산소가 매장에 공급되어 상쾌함을 더한다. 이런 분위기 속에서 정통 일식을 맛볼 수 있는 최고의 공간을 연출하는 것이다. 오늘날의 외식 소비자들은 오감 만족, 즉 공감각을 요구하는 시대다.

세 번째는 '옴니채널' 전쟁이다. 이 말은 '모든 것'을 뜻하는 옴니omni와 채널channel이 합쳐진 신조어다. 창업 시장에서 온라인, 오프라인 마케팅을 혼용하는 것은 이미 보편화되어 있다. 배달 서비스라면 오프라인 전단지는 기본, 모바일 앱을 이용한 고객 유치도 요즘에는 흔하다. 창업자들은 이제 오프라인 매장의 고객뿐만 아니라 온라인 고객들을 어떻게 공략하고, 유입시킬지에 대해 치열하게 고민해야 한다. 오프라인 가게에 와서도 스마트폰으로 정보를 검색하고, 비교하고, 공유하는 시대에 우리는 살고 있다.

네 번째는 '증거 중독 소비자'를 대상으로 하는 사업 전략이다. 요즘 소비자들은 쉽게 믿음을 주지 않는다. 음식을 먹으면서도 '이 음식은 과연 안전할까?'라는 불안감을 갖는 시대다. 언론의 각종 고발 프로그램은 소상공인 시장을 더욱 어렵게 하는 측면이 없지 않다. 그래서 더더욱 충분한 증거가 필요하다.

음식점에서 농산물 품질 표시제만으로는 소비자들을 안심시킬 수 없다. 주요 원재료를 단순히 '국내산'이 아닌 어느 지역, 어떤 농부가 재배했는지를 사진으로라도 보여주어야 한다. 유기농 야채를 사용한다는 카피만으로는 충분하지 않은 것이다. 최근 외식 창업 시장에서 파워 블로거의 주가가 급락하고 있다. '파워 블로거지'나 '파워 블로소득' 같은 신조어가 등장하는 것만 봐도 금방 알 수 있다. 이런 때일수록 진정성 있는 증거를 제시하는 경영자의 유연성이 필요해 보인다.

다섯 번째 소비 트렌드로는 꼬리가 몸통을 흔드는 시대를 얘기하고 있다. 1+1이나 덤에 익숙한 소비자에게 이제는 '덤'이 제품 구매의 결정 요인이 된다고 한다. 텀블러를 갖기 위해 커피를 구매하고, 피규어를 모으기 위해 햄버거를 사는 모습이 이제는 어색하지 않은 소비자 행동이 되어버렸다. 또한 음식점에서 메인 디시의 경쟁력은 기본, 곁들이 반찬 또한 소비자의 입소문을 탄다. 예컨대 애피타이저로 감자떡을 서비스하는 어느 음식점에는 감자떡을 먹으러 온다는 소비자들이 늘기도 한다. 몸통보다 꼬리가 중요한 시대의 한 단면이다.

여섯 번째 트렌드는 일상을 '자랑질'하는 소비자들이 늘고 있다는 사실이다. 소셜 미디어 시대에 소비자들은 별의별 일들을 자랑하기에 바쁘다. 조금만 색다른 음식이 나와도 스마트폰을 들이대는 일은 일상이 된 지 오래다.

이른바 '셀피족(셀프 카메라를 즐기는 사용자)'들은 자랑을 위한 증거를 만들어내기에 여념이 없다. 이러한 트렌드를 창업자 시각에서는, 자랑할 수 있는 시스템을 구축해줄 필요가 있다. 예를 들어 음식점에 포토 존을 설치하는 것도 하나의 방법이다. 매장 입구나, 매장 내에도 잘 꾸민 포토 존을 설치해 누구나 '인증 샷'을 촬영할 수 있도록 공간을 만들면 된다. 소비자의 만족도를 높이는 동시에 홍보에도 도움이 되는 만큼 기꺼이 그 '자랑질'을 도와주는 것이다.

일곱 번째 트렌드는 '치고 빠지기', 야구 용어로 Hit and run이다. 치고 빠지기 트렌드는 '썸남, 썸녀' 트렌드와도 일맥상통한다. 관심만 두고 있을 뿐 결정된 것은 별로 없다. 예컨대 창업 시장에서 '피자 에땅'의 2 브랜드인 '오빠닭(오븐에 빠진 닭)'이 공전의 히트를 기록하기도 했다. 요즘 시대의 오빠란 누구일까? 오늘날의 오빠는 그 옛날 오빠와는 개념부터 다르다. 남들이 볼 때는 애인 사이 같지만 사실은 전혀 그렇지 않은 20대들의 모습이다. 모 아니면 도가 아니라 모와 도 사이의 애매모호한 회색 지대를 중심으로 마케팅 전략을 세울 필요도 있는 것이다.

여덟 번째 트렌드로는, 럭셔리의 끝은 평범이라고 말한다. 패션 시장에서 '놈코어' 패션이 유행이다. 놈코어 패션이란 normal과 hardcore의 합성어로 평범함을 추구하는 패션이라는 뜻이다. 이제는 명품으로 치장하는 것, 즉 유명 브랜드보다는 여유가 느껴지는 심플한 멋이 더 중요하다고 한다. 창업 시장에서도 이러한 소비 트렌드를 포용할 필요가 있는데, 화려하지 않아도 최소한의 품격을 통해 심플하고 여유 있는 서비스로 진화해야 할 시점인 것이다.

아홉 번째 소비 트렌드는 '도시의 할머니 고객'이 뜬다고 얘기한다. 이른바 베이비붐 시대의 할머니들이 본격적인 소비층으로 부상하는 것이다. 가장 대표적인 세대는 58년 개띠 도시 할머니들이다. 이들은 어느 정도 자녀들이 결혼하기 시작했고 손자손녀들도 생겨났다. 하지만 손주 봐주기에만 매달리지 않는다. 그렇다면 외식 시장에서 실버 레스토랑이 뜬다는 얘기일까? 하지만 노골적으로 상호를 '실버'라고 내세워서는 안 된다. '10년 젊어지는 음식점' 콘셉트로 다가가야 그들이 주목한다.

2015년 소비 트렌드의 마지막 키워드는 '골목'이다. 한국의 소비자들은 이제 콘크리트 문화에 서서히 싫증내고 있다. 신도시 상업 지역은 점차 매력지수가 떨어지고 있다. 오히려 옛날의 골목 풍경에 소비자들의 관심이 몰리는 시대다. 강남의 가로수길과 세로수길, 서래 마을에서 촉발된 골목 상권은 최근 부암동, 경리단길로 이어지고 있다. 하지만 나 홀로 가게로는 상권 형성에 한계가 역력하다. 작은 가게들이 모여야만 의미 있는 골목 상권으로 승화하기 때문이다. 창업 시장에서 '숨은 골목 찾기'가 본격적으로 시작되는 것이다. ♣

12

손님 탓하는
사장치고
사업 잘하는
사람 없다

; 장사의 기본은
  베푸는 마인드

사람은 자기가 준 것에는 하나의 눈을 갖고 있지만,
받을 것에 대해서는 일곱 개의 눈을 갖고 있다.
― 독일 속담

성공하는 음식점과 실패하는 음식점을 가르는 결정적인 요인이 있다. 다름 아닌 음식점 사장의 태도이다. 성공하는 음식점의 사장은 늘 고객에게 감사한다는 표현을 게을리하지 않는다. 반면 영업이 부진하거나 실패한 매장을 방문해보면 사장들은 하나같이 동네 수준을 따지고 든다. 일종의 불평불만이자 책임 전가이다. 우리 집 음식은 수준도 아주 높고 맛있는데 주변 고객의 수준이 낮아서 제대로 인정받지 못한다거나 싼 동네라서 수준이 너무 낮다며 불만을 쏟아내는 경우를 종종 보게 된다. 과연 그럴까?

몇 해 전 나는 수도권 변두리 상권에서 횟집을 운영하는 가게의 컨설팅 의뢰를 받아 현장에 나가게 되었다. 거기서 사장과 가게 운영 전반에 대해 얘기를 나누게 되었는데, 횟집 사장은 상호만 말하면 누구나 아는 강남의 특급 호텔 일식 조리사 출신이었다. 일반인들이 보기에 실력 좋은 조리사들이 음식점을 창업하면 성공 확률이 높다고 생각할 수 있다. 하지만 결과는 반대로 나타나는 경우가 많다. 맛을 담보하는 조리 부문과 전체적인 경영은 차원이 다르기 때문이다.

먼저 음식점 콘셉트가 애매모호하다는 것을 직감할 수 있었다. 지역적 특성이 서민들의 밀집 상권이기 때문에 대중적인 수요를 노려야 함에도 불구하고 메뉴 구성은 중고가 횟집을 표방하는 가격대를 형성하고 있었다. 가격은 중고가인데 음식점 위치가 2층인 데다가 고객이 횟집을 인지하고 매장으로 유입될 수 있는 가시성과 접근성이 취약했다. 시설 경쟁력 또한 대중 횟집도 아니고 고급 일식점도 아닌 어정쩡한 시설을 갖추고 있었다.

시장조사를 마치고 사장과 실패 원인에 대해 의견을 나누었다. 조리사 출신 사장의 말이 지금도 기억에 생생하다.

"이 동네는 소비 수준이 너무 낮습니다. 다들 싸구려 횟집만 다닐 줄 알았지, 여기 같은 고급 요리를 알아주질 못한다니까요."

자신의 요리 실력은 우리나라 최고 수준인데, 동네 수준이 낮아서 제대로 평가받지 못하고 있다는 것이다. 다시 말해 고객의 수준이 한심스럽다는 요지의 얘기였다. 어처구니없는 반응에 잠시 할 말을 잃을 정도였다. 그렇다면 자신의 특급 호텔 요리 실력을 제대로 뽐낼 수 있는 부자 동네에서 오픈할 것이지, 왜 이곳으로 와서 동네 수준 타령을 하는지 도무지 이해가 되지 않았다. 그 사장 입장에서는 비싼 동네에서 독립을 하기에는 투자 비용이 너무 커서 자금을 최소화할 수 있는 상권을 찾았을 게다. 그렇게 서민층 상권에서 식당을 차렸으면 그 동네의 소비자 수준에 맞춰 영업을 하는 게 경영자의 바람직한 마인드이다. 그는 이 사실을 망각하고 있었다.

나는 전반적인 메뉴 구성부터 다시 짤 것을 주문했다. 가격대를 이웃 경쟁 가게 수준으로 과감하게 낮추는 것은 물론 오히려 싼 가격에 비싼 음식을 먹을 수 있다는 점을 주 무기로 삼자는 제안을 했다. 물론 원가율은 많이 높아질 수 있다. 하지만 지금 상태에서 가게를 그만두고 임대를 내놓는다고 한들 임대 수요를 찾기란 쉽지 않을 것이고, 저렴한 가격과 양질의 서비스를 결합해 마케팅을 강화한다면 하나둘 고개를 끄덕이는 소비자들이 늘 것이라는 판단에서였다. 무엇보다 고객을 존중할 줄 아는 자세부터 가다듬을 것을 조언했다.

컨설턴트의 객관적인 입장에서 이 횟집 사장과 같은 실패 사례는 곳곳에서 찾아볼 수 있다. 특히 조리사 출신 사장들에게서 흔히 발견할 수 있는 오류 중 하나다. 조리사 출신 사장들은 자신의 요리 실력에 대한 자부심이 대단하다. 하지만 정작 중요한 고객의 눈높이에 맞추고자 하는 경영 마인드가 결여돼 있다는 것이 가장 큰 문제다.

최고의 맛을 내기 위해 조리를 하는 것 자체는 일종의 제조업 마인드라고 할 수 있다. 제조업에서는 자신의 물건만 잘 만들려고 노력하면 된다. 이렇게 만든 상품을 어떻게 팔 것인가를 고민하는 것은 마케팅 부서의 역할이다. 반면에 음식점 사장에게는 제조업 마인드도 중요하지만, 그것 이상으로 고객의 니즈를 파악하고 대응하는 영업 마인드가 절실히 요구되는 측면이 있다.

그런가 하면 부촌이라고 할 수 있는 서울 강남 지역에서도 고객에 대한 불만을 토로하는 음식점 주인장을 본 적이 있다. 강남 테헤란로 오피스 상권에서 샤브샤브 칼국수집을 운영하는 가게였다. 40대 여사장의 말은 테헤란로는 강남이 아니라는 것이다. 손님들 대다수가 직장인들이기 때문에 호주머니가 가볍다며 하소연을 했다. 하지만 직장인들의 호주머니가 가벼운 것을 어찌 그들 탓으로 돌릴 수 있으랴. 직장인들의 소득 수준에 맞는 식사 메뉴와 회식 메뉴를 개발해야 함에도 불구하고 수준 탓만 하고 있으니 장사가 잘될 리 만무하다.

물론 음식점을 운영하는 것 자체가 온갖 손님들을 다 상대해야 하는 일이다. 그럼에도 장사에서 성공하려면 고객을 바꾸려고 할 게 아니라 사장의 마인드를 바꿔야 하는 게 먼저다. 잠실에서 2대째 대형 설렁탕집을 운영하는 한 음식점 부자의 충고가 생각난다.

"저는 집에서 잠을 자고 나가면서 간과 쓸개는 집에 보관해 놓고 나갑니다. 음식점을 운영한다는 게 워낙 다양한 사람들을 만나는 일이기 때문에 그 사람들의 비위를 맞추려면 주인의 체면은 안중에도 없는 게 사실입니다."

가슴에 와 닿는 얘기다. 음식점은 대표적인 서비스업이다. 음식을 사 먹으며 손님들은 소위 대접을 받고 싶어 한다. 우리나라에서 셀프 호프집 등이 장사가 잘 안됐던 이유가 있다. 한국 사람들의 특성 중 하나는 음식점에서만큼은 어린아이들도 대접을 받고 싶어 하는 심리가 있다. 때문에 손님은 음식점 주인의 머리 위에 있기 마련이다. 이러한 정서를 이해하지 못하고 무조건 손님 탓으로 돌리려는 태도는 아주 위험하다. 손님이 찾아주지 않는 음식점은 문을 닫아야 한다. 음식점의 성패는 고객의 눈높이를 얼마나 잘 따라잡느냐에 달려 있는 것이다. 음식점을 운영하는 사장이라면 이 당연한 사실을 놓쳐서는 안 된다.

소비자에게
너그러운 이해를 바라지 마라

예전에 창업한 지 3개월도 지나지 않은 걸음마 창업자로부터 긴급한 전화를 한 통 받았다. 가급적 빠른 시일 내에 매장에서 상의드릴 게 있다는 내용이었다. 아파트 상권에서 분식집을 오픈했는데 두 달이 지나도록 생각보다 매출이 오르지 않아 고민이라고 했다. 그러면서 그는 장부를 펼쳐 첫 달 영업 실적을 내보였다. 식재료 원가를 엑셀 프로그램으로 정리해봤더니 원가 비율이 40%에 육박한다며 걱정이 태산인 표정이었다. 너털웃음이 나오는 순간이었다.

물론 창업자가 원가 마인드 없이 영업을 한다는 것은 어불성설이다. 원가 마인드를 갖는다는 것은 음식점에서 맛이 있어야 하는 것과 진배없는 얘기다. 그만큼 창업자의 기본에 해당한다. 하지만 이제 막 오픈한 초보 창업자 입장에서, 그것도 오픈 첫 달의 원가를 놓고 비용이 높다고 원가 타령만 하는 것은 올바른 자세라고 할 수 없다. 음식점의 경우 영업 첫 달은 각종 식재료를 구입하는 비용이 높을 수밖에 없다. 대부분 박스 단위 또는 대용량 포장의 식재료를 구입하기 때문에 원가가 높아지는 것은 어쩌면 당연하다. 첫 달에 구입한 각종 식재료를 그달에 100% 소진할 리도 만무하다.

영업이 끝나고 긴긴밤을 엑셀과 씨름하며 원가 비율을 계산할 시간에 사장이 우선적으로 해야 할 일은 너무 많다. 어떻게 고객들에게 뉴스가 될 수 있는, 만족도를 높일 수 있는, 반복 구매를 유도할 수 있는, 입소문을 많이 낼 수 있는 거리를 만들 것인가에 대한 진지한 고민이 있어야 할 시점이기 때문이다. 음식점 경영에 관록이 쌓인 소위 대가들은 조바심 많은 초보 창업자들에게 이렇게 조언한다.

"오픈 후 3개월 동안은 집에 돈 가져갈 생각을 말아야 합니다."

왜일까? 오픈 후 3개월 동안은 순이익이 남는다고 하더라도 고객 확보를 위한 마케팅 역량을 강화할 시기이다. 또한 오픈 기간에 매장 시설과 관련해 보완할 곳을 살피는 외에, 나머지 수익은 고객에게 다시 돌려줄 궁리를 해야 한다. 밑반찬 하나라도 더 튼실하게 하는 등등 원가 마인드 이전에 서비스 마인드를 우선시해야 한다는 얘기다. 이렇게 3개월만이라도 적극적으로 고객맞이를 하다 보면 자연적으로 단골 고객층이 두터워지고, 그다음부터는 안정 궤도를 달릴 가능성이 높아진다.

장사는 물론 남아야 한다. 내 손에 수익이 얼마나 떨어지는지가 중요하다. 하지만 초보 창업자들이 겪는 가장 큰 시행착오는 창업을 '100미터 달리기'로 착각하는 일이다. 창업은 마라톤 경기와 같다. 길게 보는 안목이 필요하다. 그러기 위해서는 오늘 당장 고객에게 얼마를 남길지를 생각하기 이전에 고객에게 어떻게 돌려줄 것인지를 먼저 생각하는 혜안이 필요하다. 고객의 만족도를 어떻게 높일 것인가? 고객에게 어떤 즐거움을 선사할 것인가? 고객에게 어떤 감동을 줄 것인가를 늘 고민해야 한다. 경쟁이 치열한 시대일수록 창업자의 이러한 자세는 더더욱 중요하다.

이는 창업자가 아닌 소비자 입장에서 본다면 금방 이해가 된다. 새로 오픈한 분식집이 한 가지라도 눈높이를 충족시켜주지 않는다면 언제라도 바로 옆의 김밥집으로 발길을 돌릴 수 있다. 소비자는 그다지 너그럽지 않다. 아홉 가지가 만족스럽더라도 한 가지를 서운하게 하면 언제든 등을 돌릴 수 있는 게 소비자다. 하물며 소비자가 초보 창업자의 어려운 사정까지 헤아려줄 리는 만무하다. '처음이니까 손님들이 조금은 이해해주겠지'라고 생각한다면 큰 오산이다.

성공 창업자로 발돋움하기 위해서는 반드시 염두에 둬야 할 일이 있다. 사람들, 즉 고객에게 베푸는 연습을 해야 한다. 사장의 베품은 상품 서비스를 통해 베푸는 일이 첫 번째다. 특히 푸짐하고 넉넉함, '먹고 또 먹어라'는 한국 어머니들의 스타일에 익숙한 소비자에게 인색한 느낌을 주는 것은 금물이다. 원가 마인드만 앞세운 나머지 반찬 가짓수가 줄고, 양이 줄고, 싼 재료만을 쓰다 보면 고객은 바로 외면하고 만다. 주인이 먼저 베풀어야만 단골 고객이 이어진다. 또한 따사로운 마음을 베푸는 마인드가 필요하다. 상품 만족도를 넘어, 고객의 마음을 움직이는 사장의 '베품 서비스'야말로 창업자가 갖춰야 할 첫 번째 덕목임에 분명하다.

사장의 센스가
불황을 이기는 원동력

올해도 어김없이 불경기는 현재진행형이다. 내수 침체가 줄곧 이어지는 가운데 많은 사람들이 자영업으로 내

몰리고, 또 그 수 이상의 사람들이 폐업의 아픔을 맛보고 있다. 하지만 매출 부진의 원인을 경기 탓으로 치부하며 손을 놓을 수는 없다. 살아야 하기 때문이다. 그런데 이처럼 어려운 시기에는 전국의 모든 자영업자들이 다들 그렇게 느끼고 있을까? 아이러니하게도, 그렇지 않다. 경기의 호불황과는 상관없이 문전성시를 이루는 음식점도 엄연히 존재한다. 그들 음식점들은 요즘 같은 시대의 'R(Recession: 경기 후퇴)의 공포'와 'D(Deflation)의 공포'를 어떻게 뛰어넘을 수 있었을까?

음식점 경영에서 성공과 실패의 원인을 규명하다 보면 사장의 경쟁력에 기인하는 경우가 다반사다. 그렇다면 사장의 경쟁력 중에 구체적으로 어떤 부분이 성패를 가름하는 척도가 될 수 있을까? 경기 불황에는 다양한 마케팅 방법이 등장하기 마련이다. 웃음을 무기로 한 '펀 마케팅'이 뜨는가 하면, 영화계에서는 노출 마케팅도 뜨겁다.

그리고 음식점 경영에서 줄서는 가게의 공통점을 찬찬히 살펴보면 경영자의 눈치코치, 재치 지수가 불황 타개의 원동력이 되는 경우가 많음을 알 수 있다. 눈치코치, 재치라고 함은 곧 그 사람의 센스 지수와도 통한다. 음식점 무한경쟁 시대에서 잘나가는 음식점들의 공통점 중에는 이처럼 눈치와 재치로 무장한 '센스 있는 음식점'이 단연 돋보이기 마련이다.

어느 주말 경기도의 한 오리 음식점에는 한 마리에 3만 7,000원 하는 훈제오리집이 인산인해를 이루고 있었다. '대체 얼마나 맛있길래?'라는 마음으로 찾아가보면 맛의 경쟁력은 여느 오리집에 비해 오십보백보였다. 하지만 그 오리집에는 여러 측면에서 주인의 센스가 빛을 발하고 있었다. 편리한 주차 시스템, 2분의 1 셀프의 경제성, 비용을 최소화하면서도 결코 싸게 보이지 않는 목조주택의 정겨움, 오리와 돼지바비큐 메뉴의 적절한 조화, 신속함이 특징인 홀 서비스, 야외 시설의 추억 만들기(모닥불에 고구마 구워 먹기, 아이들의 그네타기 공간 등)까지 어느 것 하나 부족함이 없어 보였다. 음식점 경영주의 눈치코치, 즉 센스가 매장 곳곳에 녹아 있었다.

그런가 하면 겨울 비수기에 국수집을 오픈해 줄서는 집으로 자리매김한 곳도 있다. 유동 인구가 거의 없는 입지, 비탈길 대로변에 위치한 이 음식점은 적어도 입지 경쟁력이 탁월해서 성공한 것은 아니었다. 중하급지 1층 50~60평 매장에서 객단가 5,000원짜리 국수를 팔아 하루 매출 200만원을 상회한다면 요즘 같은 불황기에는 대박 매장임에 분명하다. 메뉴는 단순하다. 비빔국수와 잔치국수, 만두 정도가 고작이다. '줄서는 비결은 뭘까?' 하고 이 국수집을 살펴보면 성공의 변수들이 금방 눈에 들어온다.

차량 고객을 대하는 주차요원의 복장부터 재미있다. 90도로 고개를 숙이는 주차요원의 자세에서 대접받는다는 느낌이 확 다가온다. 효율을 높이기 위한 카운터의 선주문 시스템도 고객들은 전혀 불쾌해하지 않는다. 오히려 재미있다. 직원들의 얼굴에는 생동감 넘치는 웃음과 미소가 가득하다. 물론 사장의 얼굴 표정이 직원들의 교과서다. 고객과의 끊임없는 소통과 대화도 재미있는데, 이 음식점 주방 한쪽에 가보면 직원 교육용 문구가 벽에 붙어있다.

'손님에게 인사할 때는 반드시 고개를 숙여 자신의 신발끈을 확인

할 것'

말이 된다. 이렇게 하면 자연스럽게 90도 이상을 숙이게 되고, 고객 만족도 또한 배가된다는 사실을 노린 사장의 눈치코치, 재치가 엿보이는 대목이다.

한편으로는 이런 가게도 있다. 가족과 함께 동네의 새로 생긴 돼지갈비집을 방문한 적이 있다. 평소에 아는 맛있는 갈빗집은 차로 한참 가야 돼서 그날은 집 근처의 가까운 곳을 찾았던 터였다. 처음 음식점을 찾는 사람이라면 으레 주인이 누구인지에 대해 관심을 갖는다. 두리번거리다가 카운터에 앉아있는 50대 초반의 사장인 듯한 분을 발견했다. 그러고 나서 갈비를 먹다가 딸아이가 음료수를 마시고 싶다고 해서 얼른 카운터의 주인에게로 시선을 돌렸다. 그런데 주인은 벽걸이 TV에만 몰두한 채 손님 테이블에는 도무지 시선을 주지 않았다. 소리쳐 부를까도 했지만 사장의 얼굴이 워낙 굳어있는 인상이었기에 그냥 직접 음료냉장고 쪽에 가서 음료수를 가져오고 말았다. 아내의 말마따나 이 집은 장사가 별로 안 되는 집이라는 의미를 확인하는 순간이었다.

경기가 불황이라고 해서 울상만 짓고 있을 수는 없다. 경쟁점과의 차별화 전략은 내 안에서부터 출발하는 것이 중요하다. 기발한 신메뉴 찾기에 많은 시간을 투여하기보다는 내부의 경쟁력 극대화에 포커스를 맞출 필요가 있는 것이다.

그 돌파구의 도구는 단연 눈치코치, 재치로 대변되는 사장의 센스다. 눈치코치, 재치, 융통성, 요령, 기지, 순발력 등도 모두 상통하는 키워드라고 할 수 있다. 남보다 특별한 음식점을 만들기 위해 혀끝의 만족도에만 호소하던 시절은 지났다. 고객의 가슴에 다가갈 수 있는 서비스 경쟁력을 갖춘 가게만이 롱런하는 시대로 변하고 있다. 서비스 경쟁력은 단순히 매뉴얼대로 움직이는 것은 별 의미가 없다. 백인백색이라고 할 수 있는 고객층의 니즈를 간파한 인테리어와 익스테리어 전략, 음식점 상호 및 간판 디자인, POP 문구 한 줄, 직원들의 복장에서도 이제는 눈치 코치, 재치가 필요한 시대다. ♣

13

좋은 상권일수록
창업 실패율도 높다
; 상권 선택과
고객 눈높이의 중요성

경쟁 우위가 없다면 경쟁하지 마라.
— 잭 월치

홍대에서 파스타 카페를 운영하는 창업자 A씨에게서 급한 전화를 받은 적이 있다. 오픈한 지 3개월 남짓, 2억원을 넘게 투자해 홍대 상권의 중하급지 1층 30평 규모에서 카페를 운영 중인데 성과가 저조하다는 내용이었다. 현장을 방문해 창업자를 만나고, 경영진단 결과 현재의 그림으로는 쉽지 않다는 의견을 제시했다. A씨는 좋은 회사 출신에 학습 능력이 뛰어난 창업자였다. 나름 충분히 시장조사를 하고, 아이템을 결정하고, 시설을 그럴듯하게 포장하고, 직원 채용도 마쳐 이제는 파스타 카페 사장으로서 성공가도를 달리는 일만 남았다고 생각했다.

하지만 이러한 기대와는 달리 오픈 1개월 후부터 불안한 기운이 엄습해 왔다고 한다. 어쩌면 계획했던 대로 성과가 나오지 않는다는 게 창업과 인생의 공통점일 수 있다. 시행착오의 원인을 분석했다. 홍대 상권이라는 것만 믿고 가장 경쟁이 치열한 카페 시장에 무턱대고 오픈했던 게 가장 큰 패착이었다. 대표 메뉴 자체의 변별력이 눈에 띄지 않았고, 브랜드 네이밍, 시설 경쟁력, 서비스 경쟁력 등 어느 것 하나 홍대의 까다로운 소비자들을 유인할 만한 요소를 발견하기 힘들었다. 그저 조금 예쁜 카페일 뿐. 뉴스 가치가 떨어지는 평범한 콘셉트라면 운영 주체나 사람이라도 뉴스거리가 되어야 하지만, 이 역시 눈에 띄지 않았다.

이런 상황에서는 아무리 훌륭한 온·오프라인 마케팅을 펼친들 성과로 이어지기에는 한계가 명확하다. 충분한 시장조사 없이 주인이 좋아하는 아이템으로 시작해 첫 단추를 잘못 꿴 것이 근본 문제였다. 때문에 현 상태에서 회생하는 방법은 과감하게 간판을 내리고 첫 단추를 다시 꿰는 수밖에 새로운 방법은 없다는 의견을 피력했다. 또 하나의 실패 가게가 탄생하는 순간이었다.

창업 성공의 세 박자는 입지, 아이템, 고객이다

초보 창업자의 실패 유형 중 하나로서 나의 눈높이와 고객의 눈높이, 그리고 아이템과 고객의 특성을 제대로 맞추지 못해 실패하는 사례를 왕왕 접하게 된다.

먼저 창업 주체의 눈높이 문제다. 자칫 나의 눈높이에만 집착한 나머지, 그 외의 것들을 간과해서 실패하는 경우다. 예를 들어 내가 선호하는 취향이 짙은 녹색 컬러라는 이유로 아이템 특성에 관계없이 음식점 벽면을 짙은 녹색으로 치장하려고 한 사람도 있다. 음식점 공간 연출에 색깔이 갖는 의미는 크다. 메인 컬러로 어떤 색채를 사용하느냐에 따라 음식점 분위기가 달라 보이기 때문이다. 이렇듯 주인의 사업 취향만을 강조한 나머지 시행착오로 연결될 가능성은 얼마든지 있다.

고객 눈높이를 파악하는 일 역시 창업 준비의 기본에 속한다. 목표 고객층이 누구인지부터 정확히 설정할 필요가 있다. 10대 중고생, 대학생, 직장인, 주부 및 가족 단위에 이르기까지 외식업의 수요층마다 그 눈높이가 다르다. 젊은 층 수요라면 음식 메뉴 자체의 경쟁력보다는 시설, 분위기, 편의성이 음식점 성패를 좌우하는 열쇠로 작용할 수 있다. 반면 주부 및 가족 단위 고객을 타깃으로 한다면 맛 자체의 경쟁력은 물론 가격 경쟁력을 가장 우선시해야 한다. 직장인들의 경우에는 식사 아이템인지, 저녁 회식 아이템인지에 따라서 고객 눈높이도 달라지기 마련이다. 즉 주 수요층의 눈높이를 제대로 이해하는 것 자체가 상권을 파악하는 일이다. 상권 분석이라는 어려운 말로 얘기하지 않아도 시행착오를 줄이기 위해서는 반드시 거쳐야 하는 과정이 눈높이 파악이라고 할 수 있다. 그래서 나의 눈높이보다는 고객의 눈높이, 아이템 및 상권 입지의 눈높이를 제대로 파악하는 길만이 실패를 줄이는 비결이라고 할 수 있다.

그러면 아이템과 상권 입지의 경우는 또 어떨까? 서울 관악구 한 아파트 단지에서 곱창 전문점을 운영하던 분의 사례다. 음식점을 오픈한 지 2년이 되어가지만 그 역시 최근에는 월 임차료도 몇 달째 밀릴 만큼 극심한 매출 부진을 겪고 있었다. 마음 같아서는 당장 가게를 접고 싶지만 다른 임차인을 찾기도 쉽지 않다는 하소연이었다.

현장 확인에 착수했다. 먼저 주인의 사업 환경부터 체크했다. 30대 중반의 주부 사장은 자영업에는 초보가 아니었다. 결혼 전부터 동대문 일대 패션가에서 의류 도소매업에 10년 넘게 종사했기 때문에 의류 쪽은 거의 베테랑 수준이었다. 그런데 시장 환경의 변화로 소형 의류 도소매업의 한계를 절실히 깨달은 후 음식업으로 과감하게 방향 선회를 했다고 한다. 그나마 다행인 것은 음식에 대한 전문 지식을 체계적으로 습득하지는 않았지만, 요리 자체를 늘 즐겁게 생각했고 솜씨 또한 자타가 웬만큼 인정하는 수준은 되는 모양이었다. 더욱이 난이도 높은 아이템의 경우 리스크가 있다고 판단해서 비교적 구현하기 쉬운 철판곱창집을 창업하기로 하고, 집에서 가장 가까운 아파트 단지 1층 상가를 보증금 3,000만원에 월 임차료 200만원, 권리금 3,500만원을 지불하고 계약했다는 것이었다. 인천의 한 곱창집에서 소스를 정기적으로 공급받았기 때문에 맛을 내는 데는 별 어려움이 없었던 터라, 오픈 초기엔 하루 매출액이 70~80만원에 달할 정도로 장사가 잘된 편이었다. 하지만 6개월이 지난 시점부터 내리막길을 걷기 시작하더니 급기야 1년이 지나서는 하루 매출액이 20~30만원을 팔기도 힘들어졌고, 2년째인 현재는 하루에 10만원도 못 파는 지경에 이르렀다.

나는 먼저 곱창 전문점의 운영 콘셉트부터 점검했다. 곱창 전문점은 재료의 종류에 따라서 소 곱창 전문점, 돼지 곱창 전문점으로 분류되는데, 이 매장은 돼지 곱창 전문 그리고 점포 전면에 대형 철판을 설치해 유동 인구를 붙잡는 테이크아웃 판매가 주 수익 모델이었다.

이러한 콘셉트는 재래시장 진입로변 또는 음식 수요층이 집중적으로 몰리는 먹자골목에서 흔히 볼 수 있는 콘셉트다. 또한 상권은 배후 아파트 700세대의 상가 입지기 때문에 테이크아웃 판매보다는 오히려 배달 매출이 더 많다고 보면 된다. 그런데 이 가게는 배달 직원을 별도로 운용해야 하는 부담 때문에 처음부터 테이크아웃과 홀 판매에만 주력했고, 지금은 동네 사람들이 다 알기 때문에 그 문제는 별로 중요치

대학로의 상급지 점포 모습. 좋은 점포를 골라내는 기준은 4가지로 압축된다. 소비자의 구매 패턴을 감안한 가시성과 접근성, 고객 편의성의 문제, 그리고 창업자 입장에서의 경제성이다.

않다고 얘기했다.

일반적으로 철판곱창 전문점의 경우 분식형 곱창집도 있지만, 안정적인 매출을 위해서는 술 한잔 고객을 목표로 하지 않으면 쉽지 않다. 만약 분식형 철판곱창집 콘셉트로 접근해 떡볶이, 김밥 등과 함께 특별 요리로 철판곱창 요리를 판매했다면 오히려 안정적인 매출을 올릴 수 있다는 판단이 들었다. 현 매장은 철판곱창 전문점으로 간판을 달았지만, 내부 시설은 패션숍을 보는 것처럼 예쁘장한 매장 분위기를 풍기고 있었다. 30대 젊은 주부 사장이 운영하는 매장임을 한눈에 알 수 있었다. 즉, 아이템 및 고객의 눈높이는 뒤로한 채 주인이 좋아하는 컬러로 매장 분위기를 꾸몄다는 것이다. 12평 매장에 시설비로 3,000만원을 투자했기 때문에 보기에는 참 깨끗하고 예뻤다. 하지만 떡볶이나 김밥을 먹기엔 알맞아도 곱창에 소주 한잔을 할 수 있는 분위기는 아니라는 게 결정적인 문제점이었다.

메뉴 구성에서도 고객의 눈높이를 간과한 심각한 문제점이 있었다. 앞서 지적했듯이 곱창집이라면 한잔 할 수 있는 음식점으로 인식되기 마련이다. 그렇다면 철판곱창볶음 외에도 깔끔하게 먹을 수 있는 막창 요리 정도는 구색으로 갖춰놔야 한다. 하지만 주인에게 왜 막창 요리를 추가하지 않았느냐고 물었더니 아직 초보라서 한 가지 전문 메뉴만으로 승부할 생각이었다는 대답이 돌아왔다. 즉, 내가 초보 창업자이니까 운영의 편의성만을 생각해 한 가지 메뉴만 준비한 것이다. 여기에 고객의 눈높이는 그저 참고 사항에 불과했다.

마지막으로 상권 입지 선정의 시행착오를 지적하지 않을 수 없다. 주인 입장에서는 아파트 단지 앞 상가가 출퇴근이 편하고, 퇴근한 남편의 도움을 받을 수 있다는 점, 더욱이 700세대가 넘는 단지라서 웬만큼 장사가 될 수 있다고 확신했다. 하지만 곱창 전문점을 아파트 상가 1층 매장에 낸 것은 중대한 실수임에 틀림없다. 곱창은 여성보다는 남성, 연령층 역시 10~20대보다는 30~40대 이상 중장년 수요층이 더 선호하기 때문이다. 그런 이유로 아파트 상권보다는 역세 상권이나 오피스 상권을 공략했어야 했다. 아파트 상가 1층 매장이 마음에 들었다면 여기에 적합한 차별화된 분식집 혹은 배달 콘셉트의 피자, 치킨, 족발 같은 아이템이 더욱 어울린다.

결국 1억원이 넘게 투자된 점포는 2년 세월이 지나는 동안 최초 3,500만원의 바닥 권리금마저 공중에 날려버리는 참담한 결과로 이어졌다. 이 사례는 음식점 창업에 도전하는 사람들에게 시사하는 바가 크다. 창업자의 눈높이보다는 고객의 눈높이, 아이템의 눈높이, 상권 입지의 눈높이를 맞추는 게 얼마나 중요한지 말이다.

창업자가 꼭 알아야 할 키워드, 라이프사이클과 라이프스타일

창업을 앞두거나 몸담고 있는 사람들이 꼭 기억해야 할 키워드가 있다. 라이프사이클과 라이프스타일이다. 광고회사에 다니는 것도 아닌데, 이런 용어를 꼭 알아야 하느냐고 반문할 수 있다. 하지만 자영업 시장에 성공적으로 오래 머물고자 한다면 꼭 알아야 한다.

라이프사이클은 창업의 공급 시장을 가늠하는 데 도움이 된다. 아무리 잘나간다는 브랜드, 잘나가는 아이템이라도 뜰 때가 있으면 질 때도 있다는 얘기다. 단계별로는 도입기, 성장기, 성숙기, 쇠퇴기로 구분할 수 있다. 내가 운영하는 브랜드, 창업 아이템이 과연 해당 상권에서 어느 정도의 사이클을 달리고 있는지는 늘 염두에 두어야 한다. 라이프사이클은 내 사업의 생명곡선과도 밀접하게 연관돼 있어서, 사업을 시작할 때와 끝낼 때를 알려주는 지표이기 때문이다.

창업의 선수들은 남들이 모르고 있거나 관심이 없을 때 시장에 진입한다. 그러고 나서 남들이 우후죽순으로 시장에 진입할 무렵이면 어김없이 매장을 정리하고 빠져나가곤 한다. 이때 시설 권리금과 영업 권리금을 챙기는 것은 기본이다. 라이프사이클을 잘 파악하고 있기에 가능한 일이다. 이른바 유행업종으로 돈을 번다는 사람들의 얘기다. 그만큼 그들은 시장의 흐름, 즉 라이프사이클 파악에 신경을 곤두세운다.

시장에서 라이프사이클 곡선이 항상 일정하게 나타나는 것은 아니다. 예를 들어 성숙기의 정점을 찍고도 보합세로 가다가 다시 상승세를 그리는 경우도 있다. 또한 동일한 아이템이라도 상권마다 사이클이 다를 수 있다. 서울에서는 이미 한물 간 아이템이 지방 소도시 상권에서는 아직 성숙기를 구가하는 케이스도 많다. 그리고 라이프사이클은 비단 아이템에만 국한되지 않는다. 상권도 마찬가지다. 뜨는 상권이 있으면 지는 상권이 있다. 유망한 상권, 전망 좋은 상권도 사실 상권의 라이프사이클을 나타내는 표현이라고 보면 된다. 상가 투자 관점에서는 향후 5년, 10년의 전망이 좋은 상권이 중요하다. 하지만 자영업이라면 다르다. 투자와는 달리, 자영업은 지금 당장 장사가 되어야 하기 때문이다. 수도권에 5대 신도시(분당, 일산, 평촌, 산본, 중동)가 들어선 지 이제 20여 년의 세월이 흘렀다. 20년 정도 지나니까 이제야 신도시 상권이 성숙기 및 안정기에 접어드는 것이다.

한편 라이프스타일은 누구를 대상으로 창업할 것인지에 대한 '목표 고객 파악'으로 이해하면 된다. 창업의 선수라면 늘 목표 고객의 니즈가 무엇인가를 고민한다. 계층별, 성별, 연령대별 소비 트렌드 파악에 관심을 갖지 않는다면 창업 성공은 공염불이 될 수 있다. 내 가게를 둘러싼 주 수요층의 소비 트렌드를 파악하는 일이 곧 라이프스타일 파악이다. 예를 들어 외식 수요의 리더로 급부상하고 있는 주부들에게 각광받는 음식점은 어디인지, 왜 그 음식점을 찾는지, 가족 단위 외식객의 소비 스타일은 어떻게 변하고 있는지, 각 수요층이 소비하는 최대 금액과 최소 금액은 어느 정도인지 등등의 패턴을 체크하는 것이다. 창업자들이 홍대 상권을 열심히 찾는 이유도 젊은이들의 앞서가는 라이프스타일을 파악하기에 가장 용이한 상권이기 때문이다.

2000년 이후 한국 외식시장의 최대 소비 트렌드 중 하나는 '웰빙'이라고 할 수 있다. 이 같은 소비자의 트렌드를 등한시해서는 큰 재미를 볼 수가 없다. 자칫 옛 명성만 듣고 창업했다가 도리어 큰코를 다치기도 한다. 시장을 분석하는 입장에서 한때 전국 상권에서 웰빙 트렌드의 최대 수혜 아이템을 꼽으라면 단연 샤브샤브, 야채 요리, 해물 요리, 보리밥집이나 아웃도어 매장 등을 들 수 있다. 반면, 웰빙 트렌드의 최대 피해 아이템은 패스트푸드점이 아니었나 싶다. 패스트푸드 하면 햄버거, 햄버거 하면 비만으로 연결되는 소비자 시각으로 인해 이제 패스트푸드 시장은 90년대의 명성을 찾아볼 수가 없다. 물론 최근엔 다시 드라이브인 매장을 중심으로 패스트푸드의 새로운 버전이 시장에 자리매김하고 있다. 새로운 사이클을 그리고 있는 것이다.

창업을 처음 시작하는 사람들은 물론 기존 창업 시장에 몸담고 있는 사람들에게도 라이프사이클과 라이프스타일 파악은 늘 초미의 관심사다. 수요와 공급이라는 큰 흐름을 파악하지 않고 무턱대고 창업했다가 낭패를 보는 경우가 많기 때문이다. 이렇듯 요즘 창업자들은 참 공부할게 많은 시대라는 생각이 든다.

투자형 상권과 창업형 상권의 차이

자영업 부자들은 어떻게 성공을 거머쥐었을까? 시장을 리드하는 아이템 경쟁력, 디테일한 운영 스킬, 창업자 본인의 경쟁력, 사장의 분신 같은 직원 경쟁력 등 복합적인 요인을 들 수 있다. 그중에 빼놓을 수 없는 또 한 가지가 바로 시장을 읽는 눈이다. 시장은 상권이다. 살아있는 생물이자, 수많은 점포들의 숲이다. 창업자들이 상권 여행을 취미로 삼아야 하는 이유는 다름 아닌 다양한 변수를 찾아내기 위해서다. 상권 속에 숨어있는 다양한 변수를 찾아야만 부의 가치로 연결할 수 있기 때문이다. 상권, 상권 분석이라는 키워드가 예전에는 부동산 전문대학원 과정에서나 접할 수 있었던 단어였다. 하지만 이제는 창업을 생각하는 사람이라면 누구나 상권의 중요성을 이해하고, 상권 입지 분석을 잘해야 성공한다고 얘기한다. 창업 성공을 위한 첫 번째 조건은 점포 목이라고 주장하는 사람들도 있다.

상권marketing area은 '고객을 유인할 수 있는 공간적 범위' 정도로 정의할 수 있다. 상권의 종류는 지역 상권, 지구 상권, 점포 상권으로 나뉜다. 지역 상권(서울, 부산, 대전 등)은 행정구역과 일치하며, 하나의 지역 상권 안에는 여러 개의 지구 상권(신촌, 강남역, 영등포 등)이 존재한다. 점포 상권은 총 고객의 60~70%를 차지하는 1차 상권과 2차 상권, 3차 상권으로 분류된다. 소비 주체 및 수요층의 특성에 따라서는 오피스 상권, 주택가 상권, 대학가 상권, 신세대 상권, 역세 상권, 유흥가 상권 등으로 나눌 수 있다. 다시 주택가 상권은 아파트 상권, 재래식 주택가 상권, 오피스텔 상권 등으로 세분화할 수 있다.

그렇다면 상권을 선택할 때 가장 먼저 고려해야 할 항목은 무엇일까? 결론부터 얘기하자면 창업형 상권인지, 투자형 상권인지에 대한 판단부터 해야 한다. 투자형 상권은 쉽게 설명하자면 부동산 재테크와 연결되는 문제이다.

투자 및 부동산 재테크 측면에서 상권 선택의 기준이라면 해당 상권의 미래에 대한 전망이 중요해진다. 즉 당장의 상권 가치보다는 향후 개발 변수로 인한 전망을 우선시해야 한다. 토지나 건물, 상가, 주택 등을 매입할 때는 반드시 투자형 상권 개념을 바탕으로 현존가치보다는 미래가치에 방점을 두게 된다. 하지만 창업형 상권은 투자형 상권을 선택하는 기준과는 엄연히 다르다. 창업형 상권에서는 미래가치보다는 현존가치가 우선이어야 한다. 3년 후, 5년 후, 10년 후의 장밋빛 전망보다는 오픈과 동시에 영업이익을 올릴 수 있는 상권인지, 그렇지 않은지를 따져보는 것이 창업형 상권의 판단 기준이다.

예를 들어 2018년 평창 동계올림픽을 개최하는 것을 알기에 지금부터 동계올림픽 진입로변에 점포를 구해 안흥찐빵 전문점을 차리는 것은 신중해야 한다는 얘기다. 자칫 동계올림픽이 열리기도 전에 매출 부진으로 고배를 마실 수 있다. 지금도 택지개발지구 상권이 새롭게 선을 보이는 곳들이 있다. 개발 주체 입장에서는 황홀한 상권 전망을 내밀며 투자자와 창업자들에게 손짓하기 마련이다. 하지만 새롭게 형성되는 상권을 덥석 물었다가는 낭패를 당할 수도 있다.

수도권 신규 아파트 상권의 경우, 입주한 지 2~3년이 지났지만 아직도 인근 상권이 정상 궤도를 찾지 못하는 데가 드물지 않다. 수도권의 한 택지개발지구 아파트 상권 내 1층, 실면적 10평 규모의 점포는 입주 초기 보증금 5,000만원에 월 임차료 300만원 수준이었다. 하지만 이후 상권 형성이 늦어지면서 점포 시세도 곤두박질했다. 입주 2년 정도가 지나자 점포세가 보증금 3,000만원에 월 임대료 150만원까지 추락하기도 했다.

주택이 입주하는 초기에 점포를 선택했던 창업자들은 권리금이 없는 점포를 구할 수 있다는 점, 그리고 주변 상권의 장밋빛 전망에 대한 벅찬 기대를 안고 점포 계약을 하는 경우가 대부분이다. 하지만 신도시 상권이 완성되기까지는 주택이 입주한 후라도 최소한 5년에서 길게는 10년 정도 기간이 필요하다. 때문에 창업자 입장에서는 부동산 개발업자나 분양대행업체의 말만 듣고 신흥 상권에서 매장을 오픈할 때는 최대한 신중해야 한다.

물론 예외도 있다. 신흥 상권이라고 하더라도 오픈 초기부터 장사가 잘되는 아이템도 있다. 예컨대 각종 배달 아이템, 세탁소 등의 편의형 아이템이나 아파트 상가의 슈퍼마켓 같은 생필품형 아이템들은 오픈 초기부터 빠르게 안정을 유지하는 편이다. 반면에 대형 외식업이나 임차료가 비싼 매장을 임대해 오픈할 때는 상권 형성 초기의 리스크를 잘 파악한 후에 액션을 취해야 한다. 시행착오의 주인공, 상권 형성 초기의 희생양으로 전락해서는 안 되기 때문이다. ♣

14

잘생긴 점포와
못생긴 점포는
따로 있다

;좋은 점포로
업그레이드하기

고객들은 이곳에 돈을 쓰러 왔다.
그러니 그들을 만족시켜라.
― 버틀리(경영 컨설턴트)

몇 층 음식점이 투자 금액 대비 수익률이 가장 좋을까? 자영업자라면 늘 신경이 쓰이기 마련이다. 물론 층수에 따라 일장일단이 있다. 누구나 고객 접근성이 좋은 1층 음식점을 희망할 수 있다. 하지만 1층 매장이 오픈 당시의 투자 금액만 보더라도 2층이나 지하 음식점보다 두 배 이상의 비용이 들었다면? 문제는 점포 구입 비용이 많이 들었다고 해서 수익률이 두 배, 세 배 높다는 보장은 없다는 것이다.

1층의 10평 분식점과 2층의 30평 음식점을 비교해보자. 1층 음식점 사장은 비록 점포 크기는 작아도 권리금을 많이 주고 점포를 구했다. 반면 2층 30평 음식점 사장은 1층 점포에 비해 점포 구입비는 적게 들어갔지만, 시설 투자 비용은 많이 들었다. 그렇게 본다면 총 투자 비용은 비슷할 수 있다. 이때 어느 음식점이 더 투자 금액 대비 수익률이 높을까? 정답은 케이스마다 다르다고 할 수 있다. 소비자 가치라는 관점에서 고객 접근성은 1층 음식점이 높겠지만, 편의성이나 서비스 만족도는 넓은 2층 매장이 높을 수 있다.

80년대만 하더라도 2층 또는 지하층은 주로 다방이나 호프집, 레스토랑이 대부분이었다. 2000년대 초반에는 꼭대기층 점포에 전망 좋은 라이브 레스토랑이 유행처럼 들어섰다. 하지만 얼마 지나지 않아 라이브 레스토랑 자리에는 대형 해물 샤브샤브 아이템 등이 대신했다가, 최근엔 수익률 저하로 폐점하는 사례가 늘어났다. 그런데 층별 아이템 이상으로 중요한 것은 몇 층 음식점이냐에 따라 경영 전략이 달라야 한다는 점이다.

가게 층수가 다르면
전략도 달라야 한다

1층 음식점에는 충동구매를 노릴 수 있는 떡볶이, 김밥, 만두, 우동 등의 분식집이나 테이크아웃 형태의 작은 커피집이 주로 분포해 있다. 물론 음식점 골목 상권으로 들어가면 삼겹살, 쌈밥, 칼국수 같은 식사류 가게가 1층에 분포된 경우도 많다. 1층 음식점을 운영하는 입장에서 가장 신경 써야 하는 것은 신규 고객 창출을 위한 충동구매율을 높여야 한다는 점이다. 이는 1층 가게의 이점을 한껏 살리는 일이기도 하다. 이를 위해 유동 고객이 대표 메뉴를 한눈에 알아볼 수 있도록 별도 메뉴 박스를 설치하는 것도 하나의 방법이다.

1층 가게의 가장 큰 장점은 매장 내부 분위기가 고객 눈에 고스란히 들어온다는 것이다. 때문에 외부에서 음식점을 보았을 때 들어가고 싶은 내부 분위기 연출이 관건이다. 구매욕을 불러일으키는 외장 경쟁력이 중요한 것이다. 다만 아이템에 따라서 내부 분위기를 100% 오픈해야 매출이 높은 업종이 있는가 하면, 어느 정도 가려야 고객 만족도가 높은 음식점도 있다. 장사가 잘되는 매장이라면 손님으로 북적이는 내부 모습을 최대한 노출시키는 게 한 방법이지만, 매출 부진을 겪고 있다면 내부를 리얼하게 오픈하는 것은 역효과일 수 있다.

1층 음식점은 고정투자비 및 월 지출비가 높기 때문에 고객 회전율을 높이는 전략 메뉴를 내세우는 게 중요할 수밖에 없다. 대학로의 한 카페의 경우, 유동 고객의 시선을 붙잡기 위해 인형 등으로 출입구 앞에 포토 존을 설치함으로써 가시성을 높인 경우도 있다. 최근엔 45평 이상의 음식점에서는 메뉴와 가격을 5개 이상(5개 미만일 때는 전부) 오픈하도록 법으로 규정하고 있는데, 1층 음식점이라면 단순히 메뉴나 가격뿐 아니라 고객 접근성과 유입을 높일 수 있는 다양한 전략을 구사할 수 있어야 한다. 예를 들어 해당 음식점의 메뉴 스토리나 사장의 스토리 등을 입구나 외부에 노출해서 시선을 끄는 것도 가능하다. 인포테인먼트 관점에서 재미있는 정보를 매장 전면의 현수막, 선팅, 애드 플래그 등을 통해 오픈하는 전략이 점차 중요해지고 있다.

그러면 2층이나 지하층 음식점의 전략은 어떻게 설정하는 게 좋을까? 얼마 전 지방 소도시에 오픈한 40평 파스타집의 경우 2층의 한쪽 벽면에 대형 현수막 걸이대를 설치했다. 백화점 벽면에 부착하는 것 같은 현수막 걸이대는 다양하게 활용할 수 있다. 매달 새롭게 바뀌는 이벤트 알림판 기능이나 우리 매장의 대표 메뉴, 혹은 전략 메뉴를 촬영해서 고객에게 알리는 역할 등등이다. 또한 외부 현수막은 2층 매장의 한계인 고객 접근성을 높이는 데에 요긴하다. 예를 들어 재미있는 카피나 연출 사진을 통해 고객들의 눈길을 끌 수 있다.

2층 음식점에서는 주 출입구가 어디인지를 쉽게 알 수 있도록 하는

현수막은 적은 비용으로 시선을 끌고, 상품을 알릴 수 있는 유용한 수단이다. 위 사진은 홍대의
오빠 곱창집과 삼청동의 팥 전문점 소적두 모습이다.

것도 중요하다. 2층 간판은 보이는데 어느 쪽으로 들어가야 하는지 헷갈리는 음식점이 간혹 있기 때문이다. 매장에 따라서는 2층이나 지하매장으로의 접근성을 높일 독자적인 출입구나 램프 설치도 고려할 수 있다. 도로변에서 보이는 2층 음식점이라면 실내 조명등, 천정 마감 등에도 신경 써야 한다. 외부 고객의 눈에 가장 먼저 들어오기 때문이다. 요컨대 밖에서 보았을 때 들어가고 싶은 가게를 어떻게 만들 것인지가 관건인 셈이다. 한편 2층이나 지하층 음식점은 매장 특성상 충동구매보다는 계획 구매가 이루어지는 경우가 많다. 뜨내기 고객보다는 일부러 찾아오는 고객들이 더 많을 수 있다는 것이다. 그런 이유로 이들 고객을 대상으로 한 체계적인 관리가 뒤따라야 한다.

성공 창업을 위한 점포 찾기

음식점 창업에서 가장 어려운 일 중 하나는 점포 구하기다. 어렵사리 아이템을 결정했다면 다음은 점포 구하기라는 관문이 창업자를 기다리고 있다. 혹자는 중개업소에 의뢰하면 되지 않느냐고 생각할지도 모르겠다. 하지만 각 상권에 포진한 중개업소에서 내 아이템에 딱 맞는 점포를 구해줄 리는 만무하다. 중개업소의 첫째 목적은 거래에 있다. 때문에 어떤 점포이건 간에 거래를 성사시키는 게 지상 과제다.

중개업소를 방문하면 주인의 첫 번째 질문은 "무슨 장사를 하려고 하십니까?"이고, 두 번째 질문은 "투자 금액은 어느 정도 생각하십니까?", 그리고 마지막은 "끝내주는 점포를 하나 소개시켜드리겠습니다."로 요약할 수 있다. 그들은 자기네가 확보하고 있는 물건 중에서 최상의 점포를 소개시켜 줄 뿐이다. 어디까지나 중개업소는 소개만 하면 끝이고, 가게를 잘 구하고 못 구하는 것에 대한 책임은 전적으로 창업자 본인에게 있다.

그렇다면 좋은 점포를 구하는 요령은 무엇일까? 성남시 분당구에 사는 최 아무개 씨(43세)는 대기업 전자회사 출신의 엘리트였다. 하지만 감원 바람의 분위기는 최 씨에게도 예외일 순 없어서, 사표를 낼 시점에는 이미 아이템을 정한 상태였다. 그는 바비큐 호프집으로 아이템을 결정하고 곧바로 점포 구하기에 나섰다.

처음에는 무작정 돌아다녔는데, 지하철역 인근의 중개업소 몇 군데를 둘러보고 나서야 쉬운 일이 아니라는 것을 직감했다. 중개업소에서는 괜찮다는 점포를 소개시켜 주었으나, 도무지 판단이 서지 않았다. 간혹 눈에 들어오는 점포들은 권리금이 장난이 아니었다.

최 씨는 자신이 구할 수 있는 점포의 조건부터 따져보았다. 그가 투자할 수 있는 점포 금액의 최대치는 8,000만원이었다. 나머지 5,000만원 정도는 인테리어 등 점포 개발비로 책정했기 때문이다. 처음엔 집 가까운 곳만 집중적으로 알아보았으나 신도시 상권이라서 점포 보증금은 물론 권리금 시세도 만만치 않았다. 일주일 동안 분당 상권 일대를 뒤진 뒤 그는 분당만을 고집하지 말자는 결론을 얻었다. 창업 시장 전문가들에게 문의한 결과 오히려 서울 상권이 점포가 더 저렴할 수 있다는 정보를 얻었기 때문이다. 집에서 승용차로 1시간 이내 거리면 충분하다고 판단했다. 야간업종인 호프집은 직장인 출퇴근 시간과 겹치지 않으므로 좀 더 시야를 넓힐 수 있었다. 그는 분당과 가까운 강남구와 송파구 일대는 물론 강동구와 광진구 일대까지 골목골목을 이 잡듯이 뒤지기 시작했다.

물론 상권을 뒤지는 데도 요령은 있었다. 선배 창업자들은 해당 아이템의 목표 고객이 누구인지를 우선 파악하고, 그들의 동선을 잡으라고 충고해줬다. 호프집의 1차 고객은 30~40대 직장인이고, 2차 고객은 주택가 주민층이라고 볼 수 있다. 때문에 지하철역과 인접해야 하고 대로변에 접해 있어 눈에 잘 띄는 점포, 마지막으로 배달 및 포장 판매도 감안해야 하기 때문에 배후에 주택가 수요가 풍부한 상권의 점포를 찾아야 했다.

그렇게 점포 찾기를 시작한 지 한 달 동안 그가 중개업소에서 소개받은 건수만도 무려 50개 매장이 넘었다. 그만큼 힘이 들었다. 상권이 마음에 들면 점포 모양새가 너무나 아닌 매장이 있는가 하면, 점포 전면이 넓고 가게 모양새가 괜찮으면 유동 인구가 없이 한적한 상권이기 일쑤였다. 더욱이 여름철을 대비해 파라솔을 펼칠 공간이 있는 점포는 쉽사리 나타나지 않았다. 결국 최 씨는 점포 개발 전문가의 추천과 발품을 판 덕에 서울 광진구 구의역 일대 대로변 1층 10평 매장을 계약하는 데 성공했다. 당시 보증금 2,000만원에 월세 120만원, 권리금 6,000만원에 계약할 수 있었다. 최 씨는 바로 인테리어를 하고 오픈, 1년 만에 투자 금액 100%를 회수하는 데 성공했다.

가장 큰 성공 요인은 점포 찾기의 승리였다. 치킨 호프집은 1층 매장이어야 함은 물론 여름철 파라솔 매출이 절대적일 수 있다. 최 씨의 매장은 테이블을 4개밖에 놓을 수 없었지만, 6시 이후에 자유롭게 파라솔을 펴고 영업할 수 있는 건물 내 주차장 면적이 있었기에 매출을 극대화할 수 있었다.

계약 당시에는 비싸게 주고 계약했다는 말들도 주위에서 있었지만, 하절기를 지나면서 권리금 6,000만원의 위력은 어김없이 드러났다. 게다가 겨울에는 간이 텐트를 치고 난방 장치를 설치해 영업을 지속했다. 최 씨는 초기 자금의 80% 이상을 아파트 담보대출에 의존했다. 다행스럽게도 장사가 잘되어 1년 만에 대출금을 상환했으니 놀라운 성과라 할 만하다. 직장 생활을 했다면 감히 상상할 수 없는 일이기 때문이다.

점포 찾기는 창업에서 성공의 중요한 척도가 된다. 그래서 어떤 이들은 마음에 드는 점포를 계약하기까지 1년이 걸렸다는 경우도 있다. 다만, 무작정 오랫동안 찾는다고 능사는 아니다. 중요한 것은 내 아이템과 궁합이 맞는 점포를 찾는 일이다. 그것이 아이템에 이어 성공 창업의 절대 조건이다.

매장 인테리어를 할 때
꼭 알아야 할 것들

창업 과정에서 인테리어는 하드웨어를 구축하는 일이다. 최초의 하드웨어 구축이 잘못되면, 아무리 소프트웨어가 좋아도 사업 성과는 반감되기 마련이다. 게다가 마음에 안 든다고 해서 하드웨어를 금방 갈아치우는 일도 어렵다.

인테리어는 점포 경쟁력을 높여 매출 극대화에 아주 중요한 부분을 차지하므로, 차별화 전략으로 접근해야 한다. 맛이 있어야 하는 것은 너무 당연한 얘기이고, 인테리어와 시설 경쟁력에서 감동을 주는 분위기라면 고객 만족도는 당연히 올라갈 수밖에 없다. 스스로 시공할 수 있다면 직접 진행하는 것이 가장 좋다. 하지만 비용을 아끼려고 직접 시공을 했다가는 시간은 시간대로 늘어지고, 비용도 전문가에게 의뢰한 이상으로 들어가는 예를 종종 보게 된다. 그렇다면 가장 효율적으로 인테리어를 진행하는 방법은 무엇일까?

첫째, 인맥에 의한 무작정 의뢰는 지양해야 한다. 주변에서 인테리어 업체를 찾는 일은 식은 죽 먹기보다 쉽다. 하지만 업체는 업체일 뿐이다. 어차피 원가 이하로 해줄 리는 만무할 테니 그 업체의 실력을 검증할 수 있는 수순을 거쳐야 한다. 아는 사람이라고 해서 막연히 맡겼다가 나중에 마음에 안 든다고 후회해봤자 무슨 소용 있겠는가.

둘째, 반드시 해당 업종 유경험 업체를 찾아야 한다. 인테리어는 음식점이나 의류점, 노래방 등 업종에 따라 확연히 다를 수밖에 없다. 음식점 인테리어는 다른 업종과는 다른 점이 몇 가지 있다. 홀 공간처럼 보이는 곳을 치장하는 것도 그렇지만, 보이지 않는 곳의 시공도 중요하다. 예컨대 주방의 배수공사 및 누수 문제, 전기 및 조명, 홀의 냄새나 연기를 제거하는 급기와 배기 공사 등을 들 수 있다.

영업을 하다 보면 주방의 물이 잘 안 빠진다든지 매장의 연기가 배출되지 않아 불편을 겪는 경우를 자주 보게 된다. 이 방면에 경험이 부족한 업체라면 나중에 클레임이 발생할 수 있다. 때문에 인테리어 계약 시에는 이러한 점을 반드시 짚고 넘어가야 한다.

셋째, 공사기간 중 감리를 해야 한다. 감리란 공사가 제대로 진행되는지를 중간중간에 점검하는 일이다. 인테리어 업체는 어디까지나 공사가 끝나면 떠날 사람들이다. 공사 진행 과정에서 주인이 하나하나 체크하는 것이 부실을 줄이는 방법이다. 그렇다면 무엇을 체크해야 할까? 전문 업체라면 계약 전에 인테리어 콘셉트를 한눈에 볼 수 있도록 설계 도면과 공사 후 모습을 3D 그래픽으로 보여주므로 초보자라도 디자인 등을 확인할 수 있다. 주인이 필히 챙겨야 할 것은 마감재와 조명, 시설 편의성, 외부 사인 등이다.

넷째, 애프터서비스를 잘하는 업체를 선택해야 한다. 인테리어 계약서 상 A/S 기간은 통상 1년으로 규정하고 있다. 1년 동안은 매장 내에서 발생하는 모든 하자를 시공업체에서 보증해주는 것이다. 하지만 만에 하나 A/S가 신속하게 이루어지지 않는 경우가 있다. 양천구 목동의 어느 24시 해장국집은 한창 장사가 잘될 때 가게 문을 하루 동안 닫을 수밖에 없었다. 저녁 8시에 갑자기 전기가 나갔기 때문이다. 부랴부랴 인테리어 업체에 연락했으나, 멀리 있다는 핑계를 대며 훗날 방문하겠다는 말만 되풀이했다. 급한 마음에 인근 전업사에 알아봐도 자기들이 한 공사가 아니라서 수리가 쉽지 않다고 해 결국 그날의 영업은 접어야만 했다. 냉장고 안 식재료 또한 상당량을 폐기해야 하는 사태까지 벌어졌다. 인테리어 업체 선정을 잘못하면 이러한 불상사는 다반사로 일어난다. 그래서 계약을 할 때 A/S 규정 외에도 신속한 애프터서비스 시스템을 갖췄는지 여부를 꼭 확인하는 게 좋다.

참고로, 창업 전에는 인허가 조건도 꼭 따져봐야 한다. 사업자등록만 하면 끝인 게 아니라 사업 아이템에 따라서는 인허가를 받아야 하는 경우도 있기 때문이다. 옥외 간판 또한 허가를 받아야 한다. 예를 들어, 유흥주점은 사업 지역에서만 개업이 가능하고, 노래방이나 당구장, PC방 등은 학교 근처 200미터 내에서는 개업할 수 없다. 매장의 인허가 조건은 행정자치부 생활공감지도www.gmap.go.kr 상단의 인허가 자가진단을 통해 확인할 수 있다. ♣

15

아무리
좋은 사업 아이템도
꿰어야 보배다

;사업계획서 작성 및
창업 준비 5단계

당신의 일을 이끌어라.
그렇지 않으면 일이 당신을 이끌 것이다.
— 벤저민 프랭클린

한 통의 전화벨이 울렸다. 필자의 이름을 확인한 뒤 창업 상담을 받고 싶다고 했다. 수화기의 상대방은 조심스럽게 입을 열었다. 현재 자신에게 기발한 창업 아이템이 있다고 했다. 사업성이 높아서 대박을 칠 수 있는 아이템이라고 주장한다. 하지만 보안 관계상 전화로는 얘기할 수 없다고 한다. 때문에 무작정 시간을 내달라는 것이었다.

이러한 전화를 많이 받아본 나로서는 뵙기 전에 먼저 내용을 파악해야 하니 간단하게 알려달라고 하면 꼭 만나서 얘기해야 한다고 막무가내다. 하는 수 없이 약속을 정하고 상담을 해보면 결과는 예상했던 대로 사업성이 검증되지 않은 아이디어 수준이 대부분이다. 물론 개중에는 괜찮은 아이디어도 있을 수 있는데, 적어도 창업을 준비한다면 아이디어를 사업안으로 구체화할 수 있어야 한다.

창업을 위한
사업계획서 작성법

그렇다면 아이디어 수준의 아이템을 어떻게 구체화시키면 좋을까? 1단계는 사업계획서를 작성해보라고 권유

하고 싶다. 특히 자본금이 여의치 않아 외부 자금을 유치해야 하는 창업자에게는 필수사항이 바로 사업계획서 작성이다. 물론 생각이 떠오르는 대로 아무렇게 쓸 수는 없다. 사업계획서 작성에도 요령이 있는 것이다.

첫째, 사업계획서에서 해당 아이템에 대한 공급과 수요 상황을 객관적으로 적시할 수 있어야 한다. 전체적으로 해당 분야 시장이 어떻게 흐르고 있으며, 경쟁업체의 영업 상황 및 업종 트렌드는 어떠한지, 마지막으로 수요층 니즈는 어느 정도인지에 대한 객관적 데이터가 집대성되어야 한다.

둘째, 시장 상황이 정리되었으면 구상 중인 아이템과 창업 주체의 경쟁력 분석이 필요하다. 해당 아이템의 경제성과 수익 모델에 대한 판단, 아이템의 강점과 약점, 외부적인 기회 요인과 위협 요인 파악을 통해 전체적인 아이템 경쟁력을 도출할 수 있어야 한다.

셋째, 아이템의 리스크 분석을 최대한 객관화할 줄 알아야 한다. 어느 아이템이든 위험성이 없는 사업은 없다. 따라서 해당 아이템을 둘러싼 리스크 분석을 통해 사업의 안정성을 검토할 필요가 있다.

넷째, 단계별 예상 투자 금액 및 수익성에 대한 검증 절차가 필요하다. 원하는 사업을 구현하기 위해 고정투자 비용(점포 구입비 등)과 변동투자 비용(인테리어 및 시설 투자비 등)의 내역은 구체적으로 어느 정도인지를 파악해야 한다. 또한 투자비 예측이 있으면 당연히 수익성에 대한 검증 단계가 뒤따라야 한다. 수익성 검증은 경쟁업체의 수익성을 파악하는 게 가장 손쉽다.

예를 들어 테이크아웃 커피와 샌드위치 가게를 오픈한다고 한다면 출점 예상 지역의 경쟁업소에 대한 매출 분석부터 하는 것이다. 어떻게 수익성을 파악할까? 주인을 통한 인터뷰 조사로 파악하는 방법도 있기는 한데, 그 가게 앞에서 매장에 들어가는 고객 수만 체크해도 1일 예상 매출은 정확히 예측할 수 있다. 직접 하지 않아도 아르바이트 학생 2명만 쓰면 1일 내점 고객 파악은 그리 어렵지 않다. 내점 고객수를 알면 평균 객단가(1인당 평균 매출액)를 곱해 예상 매출을 가늠할 수 있다. 문제는 이러한 수익성 검증 절차를 매우 번거롭게 생각하는 예비 창업자들이 많다는 사실이다. 프랜차이즈 브랜드의 경우, 본사에서 알려주는 수익성 데이터만 철석같이 믿고 계약했다가 낭패를 보는 경우 또한 흔하게 볼 수 있다.

최근에는 소상공인 시장에도 다양한 빅데이터가 공개되고 있기 때문에 수익성 파악이 참 쉬워졌다. 소상공인시장진흥공단에서 제공하는 '소상공인 상권분석'(sg.sbiz.or.kr) 시스템만 잘 돌려봐도 해당 매장의 구체적인 수익성을 어느 정도 가늠할 수 있다.

창업은 아이디어 구상에서부터 비롯되는 게 순서이긴 하다. 하지만 아이디어가 아이디어로 끝나버린다면 의미가 없어진다. 때문에 아이디어에 대한 사업화의 첫 단계로서 사업계획서를 작성함으로써 액션을 위한 최종 단계에 돌입할 수 있다.

그런데 한 가지 꼭 유념해야 할 게 있다. 투자 유치를 위한 사업계획서를 작성할 때 아이템에 대한 주관적인 장점만을 부각하는 경우가 많다는 사실이다. 실제로 상당수 사업계획서에는 실패 변수를 찾기 힘들다. 저마다 사업성이 좋다는 내용으로 채우기 때문이다. 하지만 투자 유

소상공인시장진흥공단 홈페이지의 상권분석 화면. 회원 가입을 하고 검색 조건을 입력하면 해당 상권의 업종 분포, 주요 업종의 매출 등 귀중한 상권 분석 데이터를 한눈에 확인할 수 있다.

치를 위해 꼭 넣어야 할 부분은 사업자 입장이 아닌 투자자 입장에 대한 배려다. 만약 사업이 계획대로 되지 않았을 때 출구 전략에 대한 복안도 가급적 넣는 게 좋다. 모든 사업은 실패할 수 있기 때문이다. 그리고 사업계획서가 마무리되었다면 실행 단계로 이어져야 한다. 그래야 비로소 창업은 현실이 된다.

우리 동네에 없는 아이템은
과연 유망할까?

"남들 안 하는 특별한 아이템 좀 없습니까?"라는 식의 접근은 사실 위험하다.

창업 아이템에 대한 고민은 자영업에 조금이라도 관심이 있다면 늘 달고 살게 마련이다. 그런데 초보자뿐 아니라 기존 창업자들도 2차 아이템을 결정할 때 '우리 동네에 없는 아이템'을 찾아 헤메는 경우가 많다. 우리 동네에 생소한 아이템으로 오픈해야만 뉴스가 될 수 있다고 생각할 수 있다. 심지어 새로운 아이템을 찾기 위해 다른 나라 상권까지 치밀하게 조사하면서까지 특별한 아이템 찾기에 혈안인 사람도 있다. 그렇다면 우리 동네 상권에 없는 특별한 아이템이 꼭 사업성이 좋은 아이템일까?

그와 관련해 예전에 지방 소도시의 한 창업자로부터 전화를 받은 적이 있다. 이 창업자의 고민은 첫 사업으로 레스토랑을 운영했는데, 개업

1년도 안 된 시점에서 문을 닫을 수밖에 없었다고 토로했다. 이야기를 들어보니 막대한 인테리어 비용을 투자해 영업을 개시했으나 그 지역 수요층의 눈높이와는 괴리가 있었다는 게 패착이었다. 창업자의 니즈만을 앞세운 자의적 판단에 의한 실패 사례인 것이다. 그는 같은 매장에서 신규 아이템으로 승부를 걸어야 하는 상황에서 무슨 사업을 할까를 또 고민했다고 한다. 그래서 그 지역에 없는 말고기 전문점으로 업종 변경을 결정하고 재오픈 준비에 들어갔다.

창업자들이 조심해야 할 대목이 여기에 있다. 해당 상권에 없는 특별한 아이템이 경쟁력이 있다고 여기는 논리다. 전혀 새로운 아이템으로 승부를 걸어야만 뭔가 특별해서 화제가 될 수 있고, 변별력도 생기지 않겠느냐는 것이다. 하지만 이를 반대로 생각해보면, 해당 지역에 너무 많이 분포돼 있는 고깃집과 횟집, 치킨집 등은 차별화 측면에서 경쟁력이 매우 떨어진다는 논리에 다름 아니다.

과연 그럴까? 상권 분석을 할 때 업종 분포수가 가장 많은 아이템은 그만큼 해당 업종에 대한 수요가 크다고 생각하면 된다. 때문에 현명한 창업자라면 주변에 흔한 아이템이라도 기존의 매장과는 다른 포인트와 무기를 만들어냄으로써 앞서가려는 노력을 기울인다. 예컨대 고깃집이 많이 분포돼 있다면 기존 식당과는 다른 컬러, 다른 조리법의 메뉴를 선보여 그곳 소비자로부터 각광받는 식이다. 이미 고깃집에 대한 소비 시장이 탄탄하게 형성된 만큼 그 수요층을 타깃으로 새로운 맛, 새로운 서비스 컬러를 통해 해당 지역 상권에서 1등 고깃집으로 발돋움할 기회 요인이 더 크다고 보는 것이다.

오래전에 언론매체를 통해 물개 요리 전문점이 오픈했다는 뉴스를 접한 적이 있다. 그러면서 담당 기자는 물개 요리 전문점이 서울 어느 지역에 최초로 오픈해 호평을 받고 있다는 내용, 또한 웰빙 시대에 맞춰 물개 요리가 틈새 메뉴로 자리 잡고 있다고도 소개했다. 새로운 아이템을 고민하는 창업자 입장에서 이러한 뉴스가 나오면 현혹되기 십상이다. 특히 최초라는 말에 흔들리기 쉽다. 하지만 최초 아이템이라는 것은 최초로 희생타가 될 수 있다고 보는 게 더 타당하다. 음식점 사업에서 상위 10% 마니아를 대상으로 해서 심각한 경영난을 겪는 사례는 비일비재하다.

　아이템 선정에서 뉴스성보다 더 중요한 것은, 1회성 구매에 그치지 않고 반복 구매가 지속되느냐 여부다. 보신 식품 아이템의 상당수는 한정된 수요층 공략에 초점이 맞춰지다 보니까 대중적인 수요층 공략에는 실패하곤 한다. 그나마 물개 요리, 말고기 요리 같은 특별 요리는 골프장 음식점의 조리장 스페셜 요리로 선보인다면 타당성이 있을 수 있다. 특정 상권에서 계절에 맞는 특별 메뉴로 선보이는 것은 의미가 있다는 얘기다.

　하지만 일반 상권에서 아이템의 차별화만 믿고 대중적인 수요층 공략에 나서는 것은 위험성이 크다고 할 수 있다. 남들이 안 하는 아이템에는 다 이유가 있다. 무엇보다 사업성이 검증되지 않았다는 사실도 중요하다. 따라서 신규 아이템을 결정할 때는 이미 호황을 누리고 있는 업종의 틈새를 공략하는 지혜가 필요하다고 하겠다.

상권의 아이템은 수요와 공급의 법칙에 따라 균형을 찾아가게 마련이다. 초보 창업자라면 새로운 수요를 창출해야 하는 리스크를 안기보다는 기존 수요층의 관심을 끄는 전략으로 접근하는 편이 성공 가능성이 훨씬 높다. 사진은 젊은 층 소비 수요에 특화된 홍대의 밤거리 모습

초보 창업자를 위한
5단계 아이템 결정법

처음 시장을 노크하는 창업 예정자 입장에서 내게 맞는 최적의 아이템은 어떤 방법으로 결정해야 할까? 여기에 대해 나는 창업자 중심의 5단계 아이템 결정법을 제안한다. 그 1단계는 나를 분석하는 일부터 시작해야 한다. 나의 꿈, 인생 2막의 목표, 사업 적성, 누구와 창업할 것인지 등등을 찬찬히 따져볼 필요가 있다.

영업형 스타일인지, 관리형 스타일인지, 가장 중요한 종잣돈 규모는 어느 정도인지를 냉철하게 분석하는 일도 1단계에서 확인해야 할 사항이다. 또한 창업을 통해 한 달에 수익이 얼마나 필요한지도 따져봐야 한다. 1단계의 마지막은 목표 고객을 설정해보는 일이다. 즉, 누구를 대상으로 사업을 할 것인가의 문제다. 성별, 연령대별, 계층별 희망 고객을 그려보는 것이다.

2단계에서는, 1단계 분석을 토대로 후보 아이템을 구체화하는 작업에 착수해야 한다. 크게는 업종 분류를 통해 어느 분야의 아이템에 베팅할 것인지에 대해 획을 긋는 절차가 필요하다. 이를테면 음식업 중에 하나를 할지, 도소매업을 중심으로 한 판매업이 나을지, 그렇지 않으면 분야별 서비스업이 나을 것인지에 대한 판단이 필요한 시기다.

이를 위해서는 사업 아이템의 구체화를 위한 현장 실사가 뒤따라야 한다. 이른바 상권 여행, 상권 탐사는 이때부터 시작되어야 한다. 인터넷을 통한 아이템 사냥이 사업 준비 단계의 과제였다면 이제부터는 실전을 위한 현장 확인이 필요하다는 것이다. 내가 희망하는 아이템의 특성, 수요층 특성에 맞는 상권 탐사를 통해 업종별, 목표 고객별, 상권별, 투자 금액대별, 사업 형태별 후보 아이템에 대한 구체화 작업에 착수해야 하는 것이 이 단계에서 해야 할 일이다.

3단계는 상권 탐색을 통해 걸러낸 수많은 아이템 중에서 2~3개 정도의 최종 후보 아이템을 도출하는 일이다. 이때 중요한 사항은 시장 수요와 공급 등 개별 아이템에 대한 세밀한 분석이다. 주관적인 사항은 최대한 배제하는 것이 원칙이다. 아이템은 보는 사람의 관점에 따라 다른 평가가 나올 수 있기 때문이다. 먼저 공급 시장 분석을 파악하기 위해 후보 아이템의 라이프사이클을 확인할 필요가 있다. 현재 초창기의 아이템인지, 성장기 및 성숙기의 아이템인지에 대한 객관적 판단을 하는 것이다. 동시에 목표 고객의 소비 패턴 및 라이프스타일 분석을 통해 해당 시장의 잠재력을 가늠해야 한다.

4단계는 후보 아이템에 대한 투자비 대비 수익성 검증이다. 아이템 결정의 가장 중요한 대목이기도 하다. 아무리 사업 적성에 맞고, 남 보기에 좋고, 괜찮은 아이템이라고 하더라도 수익성이 충족되지 않으면 빛좋은 개살구에 불과할 수 있다. 가장 좋은 방법은 본인이 발로 뛰면서 기존 창업자들을 직접 인터뷰하거나 현장 실사를 통해 수익성을 확인하는 것이다. 수익성 데이터는 앞에서 언급한 상권분석 시스템만 잘 살펴봐도 대략 확인할 수 있다.

당연히 이 단계에서는 상품 가격도 함께 따져야 한다. 식사 위주의 음식점이라고 하더라도 2,000~3,000원짜리 김밥집이 나올지, 7,000

원대의 순대국밥이나 설렁탕집이 나을지, 1만원대의 파스타집이 나을지를 생각해봐야 하는 것이다. 주류 아이템이라면 저가 포장마차나 호프집, 아니면 객단가가 높은 양주집이나 웨스턴 바 등으로 범위를 좁혀 수익성을 확인한다.

이 외에도 몇 시에 문을 열고 몇 시에 닫을지, 직원은 몇 명 정도 필요할지, 원재료 수급 상황은 어떤지, 사업하면서 가장 힘든 점이나 신경을 써야 할 게 있다면 무엇인지를 체크해야 한다. 이 모든 것들은 직접 가게를 찾아다니는 수밖에 별 도리가 없다. 북새통을 이루는 가게에 손님으로 들어가서 주인이 누구인지부터 살피고, 한가한 시간에 조심스럽게 한두 마디라도 건네보는 유연성이 필요하다. 사장의 표정만으로도 사업 만족도는 예감할 수 있다. 눈으로 확인하고, 사장의 입을 통해 다시 확인하면서 해당 아이템의 장단점을 일일이 체크해 나가야 한다.

마지막 5단계는 분야별 시장 전문가를 통한 최종 검증 작업이 필요하다. 초보 창업자의 경우 마음에 드는 아이템이 있으면 그 아이템에 최면 현상이 일어나곤 한다. 즉, 괜찮다 싶은 아이템이 눈에 띄면 위험 인자는 도외시한 채 그 아이템에 취해버리는 것이다. 물론 반해버릴 정도로 좋은 아이템을 찾아서 그러한 현상이 나타난다면 다행이지만, 그렇지 않은 경우가 더 많은 게 현실이다.

기존 창업자라면 아이템 선정이 창업의 절대적인 변수가 아닐 수도 있다. 왜냐하면 기존 창업자들의 경우, 경쟁력 있는 상권 입지와 점포만 선정된다면 해당 점포에 적합한 아이템을 접목하는 일은 그다지 어렵지 않을 수도 있다고 보기 때문이다. 하지만 초보 창업자라면 최초의 아이템 결정 여하에 따라 창업의 성패가 엇갈리는 일이 허다하다. 적어도 창업 박람회장 한번 둘러보고 충동적으로 사업 아이템을 결정하는 일은 없어야 한다.

창업 자금은
얼마가 적당할까?

당장 창업을 하고 싶은데 돈이 없어서 창업을 못 한다는 분들을 자주 만나는 편인데, 그들은 대개 창업 자금 지원 제도에 대해 잘 모르고 있다. 당장 목돈이 없어도 자금을 빌려줄 테니까 창업하라는 정부 제도는 다양하게 있다. 일정 기간 교육만 받으면 창업 자금을 대출해준다는 프로그램도 적지 않다. 그런데 신규 창업자 입장에서 기본적으로 어느 정도의 종잣돈을 가지고 창업에 나서는 게 바람직할까?

1년에 국내 신규 창업자 수는 95만명에 달한다. 이들은 대부분 최소한의 자금을 가지고 창업 시장을 노크하게 되는데, 20년 전으로 거슬러 올라간 90년대 초반과 현재 상황이 그리 다르지 않다. 당시 '명퇴창업'이라는 개념이 처음 도입되던 시점부터 지금까지 국내 신규 창업자들의 창업 자금 규모는 크게 변하지 않았다는 말이다.

구체적으로는 1억원 내외의 자금으로 창업을 실행하는 수요가 가장 많다고 볼 수 있다. 필요 자금의 25% 정도는 빚을 내서 창업하려는 사람들이다. 즉 창업을 위한 자기자본, 즉 종잣돈 5,000~7,000만원에 소상공인 대출 등 외부 자금을 차입해서 1억원 정도의 자금을 가지고 창업에 뛰어드는 것이다.

일반적으로 창업 시장에서는 자기자본과 타인자본의 안정 비율을 7:3 정도로 얘기한다. 즉, 1억원의 자금이 필요하다면 자기자본 7,000만원에 외부 자금은 3,000만원 정도로 시작하는 게 안정적이라는 것이다. 하지만 최근의 어려운 경제 사정을 감안한다면 자기자본 비율을 높여서 창업하는 게 불황기 창업의 중요한 포인트 중 하나다.

물론 실제 상권에서 1억원이라는 자금의 가치는 결코 크다고 할 수는 없다. 그러므로 초보 창업자는 내가 동원할 수 있는 자금의 정확한 가치를 이해하는 데에서 창업 준비를 시작해야 한다. 즉 5,000만원, 1억원의 조달 가능 자금이 실제 내가 희망하는 사업 아이템의 적정 자금인지를 검증할 필요가 있다는 것이다. 창업 예정자들이 가용할 수 있는 자금 상황과 아이템을 점검하다 보면 서로 엇박자가 나는 경우가 의외로 많다. 5천만을 가지고 1억원 이상의 아이템, 1억원으로 2억원 이상의 아이템을 조준하는 식이다.

특히 최근에는 부동산 임대가 및 권리금의 거품이 심하다. 내 눈에 들어오는 가게의 경우 권리금만 수천만 원을 호가하는 가게가 많다는 뜻이다. 따라서 나의 투자 자금을 바탕으로 한 창업 아이템 시뮬레이션이 해당 상권에서 이루어져야 한다.

그리고 당연한 말이지만 경기가 어려울수록 과도한 외부 차입을 경계해야 한다. 순식간에 나락으로 떨어질 수 있기 때문이다. 일례로 십여 년 전 40대 초반의 최 모 씨는 지방 광역시 상권에서 애견 전문점을 창업했다가 크게 실패한 일이 있다.

그는 애견 전문점을 창업하면서 자기자본 5,000만원과 차입 자금 5,000만원을 합쳐 1억원 남짓의 자금으로 애견숍을 오픈했다. 최 씨와 그의 여자친구가 동물을 좋아한다는 게 애견 아이템을 결정하게 된 가장 큰 이유였다. 하지만 애견 프랜차이즈 브랜드의 난립으로 이내 경영난에 봉착하게 되었고, 차입 자금에 대한 이자 부담 등으로 인해 결국 폐업에 이를 수밖에 없었다. 매출 부진을 겪으면서 최 씨는 계속해서 경영 자금을 대출받았고, 급기야 제2금융권과 사채까지 사용하게 되면서 극한으로 몰렸다. 그는 현재까지도 2억원의 빚을 지고, 음식점 직원으로 일하면서 신용불량자 상태를 벗어나지 못하고 있다.

그런데 창업 자금을 많이 투자하면 수익성이 높아지고, 창업 자금을 적게 투자하면 수익성도 떨어지는 걸까? 이는 창업자의 역량에 따라 달라진다. 베테랑 창업자인 경우는 많은 자금을 투자할수록 회수 기간이 빨라지는 경향이 있다. 즉 1억원을 투자해 100% 회수하는 데 2년, 2억원을 투자해 1년 안에 100% 회수하는 일도 드물지 않은 것이다. 다만 초보 창업자라면 투자 금액이 크다고 해서 그만한 수익을 단기간에 달성하기가 쉽지 않다. 오히려 리스크만 커질 수 있다는 사실을 잊어선 안 된다.

다시 한 번 말하지만, 불황기일수록 외부 차입 자금 비율을 줄여야 한다. 더욱이 세계적인 저금리 시대가 종지부를 찍고 이제는 거의 금리가 오를 일만 남았다. 초보 창업자일수록 자기자본 100%로 창업하는 것이 안정 창업의 기본이다. 그런 점에서 정부의 무분별한 창업 독려 정책은 재고되어야 한다. 사업 역량이 검증되지 않은 초보 창업자들에게 무분별하게 자금을 빌려주면서 위험을 키우고 그 결과 창업 실패율을 높이는 측면이 있기 때문이다.

또 한 가지, 창업 자금이 적다면 내 몸이 힘든 창업 방법을 택하는 게 옳다. 창업 자금은 적은데 남 보기 좋고, 어렵지 않고, 폼까지 잡을 수 있는 창업, 겉만 번지르르한 창업은 지양해야 하는 것이다. 예컨대 첫 사업으로는 내 몸이 어려운 사업을 실행하는 것이 정답이다. 그렇게 기본기를 다진 다음 2단계 사업으로 1억원 이상의 자금을 투자해 규모를 키우는 전략이 필요하다. 그래야만 창업 초기에 발생할 수 있는 위험을 줄일 수 있다. 시장과 사업에 대한 안목을 키우는 가운데 서서히 사업 규모를 늘리는 단계별 창업이 필요한 이유이기도 하다. ♣

16

배달아이템을
우습게 보지 마라
;창업아이템들의
겉과 속

성공하는 벤처는 시장의 반응을 읽어
기회로 연결한다.
— 피터 드러커

야구에서 1회전의 홈런과 9회말 뒤지고 있을 때 역전 홈런은 비교할 바가 아니다. 야구뿐 아니라 세상 모든 일이 그렇지 않을까. 마지막에 웃을 수 있어야 한다. 그런데 창업 시장을 처음 노크하는 초보자들의 경우 1회전부터 홈런을 치고 싶어 하는 사람들이 태반이다. 오픈과 동시에 자리를 잡고 단기간 내에 큰 수익을 낸다면야 금상첨화일 수 있다. 하지만 요즘 같은 불황에 처음부터 잘되기도 쉽지 않거니와 사업 초기에 승승장구한다고 해서 그 승세가 지속된다는 보장도 없다. 리스크 관리가 더욱 절실해진 시대다. 때문에 창업 아이템을 결정하고 추진하는 데 있어서도 단계별 창업을 고려해볼 만하다.

창업의 기초를 다지는 데는
배달 아이템이 제격이다

그렇다면 1단계 창업 아이템으로는 어떤 게 좋을까? 자신의 사업 적성을 감안한 아이템도 중요하지만, 최소 투자로 최대의 부가가치를 올리는 아이템이 일단은 무난하다. 1단계 창업의 성공률이 높지 않은 만큼 실패하더라도 충격파가 크지 않는 것도 중요하다. 이처럼 투자 금액은 비교적 최소이고, 창업의 경험을 진하게 쌓을 수 있으며, 투자비 대비 안정 수익을 기대할 수 있는 아이템 1순위는 과연 무엇일까? 단연 배달 아이템이다. 그런데 초보 창업자에게 배달 아이템을 1단계 사업으로 제안하면 고개를 절레절레 흔드는 경우가 적지 않다. 남들이 보는 눈도 있는데 내가 어떻게 배달 사업을 할 수 있겠냐는 표정이다.

남의 시선이 두려운 사람들은 창업 시장에 진입할 자격이 없다고 생각한다. 더욱이 배달 사업을 평생 하라는 것도 아니다. 창업 시장에 안정적으로 정착하기 위한 걸음마 아이템으로 배달 사업을 추천할 뿐이다. 몇 개월도 좋고, 길어야 1~2년이면 충분한 경험을 쌓을 수 있다. 그렇게 시장 경험을 쌓은 다음에 본인이 원하는 소위 '폼 나는 사업'을 시작해도 늦지 않다.

한때 고려대 앞에서 번개 배달로 유명했던 조태훈 씨가 명강사로서 세인의 주목을 받았던 이유는 뭘까? 배달을 한다는 것은 자신의 위치를 가장 낮은 곳으로 향하게 하는 일이다. 낮은 위치에서 위를 올려다보면 세상이 보이게 된다. '고객이 보인다'는 표현이 정확한 얘기일 게다.

자영업 주체 입장에서는 고객의 니즈를 가장 민감하게, 정확히 파악할 수 있는 일이 배달 업무라고 생각한다. 고객의 니즈를 알게 되면 창업자가 무엇을 어떻게 행동해야 하는지에 대한 전략을 도출하는 것은 시간문제다.

10년 만에 수십 억원의 자산을 이룬 어느 성공 창업자의 첫 사업 역시 고향에 내려가서 시작한 배달 사업이었다. 그는 2년간 배달 분식점을 하면서 값진 경험을 했다고 늘 얘기한다. 아파트에 철가방을 들고 배달할 때면 아파트 거실에 신문을 깔고 정성스럽게 음식을 차려주는 것은 물론 나올 때는 현관 입구의 신발 정리까지 깔끔하게 하고 나왔다고 옛날을 회상한다.

이 같은 정성이라면 고객은 의아한 표정으로 배달원의 얼굴을 확인하게 되고, 어느 업소인지를 인지하면서 단골 명단에 이름을 올릴 수밖에 없다. 또한 배달 가게에서 비교적 한가한 시간대는 오후 3시~5시까지인데, 그는 이때 가게에서 쉬는 게 아니라 사람들이 많이 모이는 관청 건물이나 상가에 빈 철가방을 들고 한 바퀴 도는 것도 잊지 않았다고 한다. 홍보 효과 외에도 '저 음식점은 항상 바쁜가 봐'라고 고객들이 생각해주기를 바라는 마음에서다.

배달 아이템에서 가장 위험한 요소 중 하나는 오토바이 사고다. 예전에 오토바이가 보험 가입이 안 되던 때도 있었는데, 최근에는 스쿠터라도 보험 가입을 통해 손실을 최소화할 수 있는 방법도 있다.

창업 시장은 늘 수요와 공급이라는 톱니바퀴가 맞물려 돌아가고 있다. 수요층의 니즈, 즉 고객의 라이프스타일은 편의성을 추구하는 시대로 치닫고 있다. 택지개발로 대단위 주거 밀집 상권이 생겨나면서 배달을 원하는 수요는 점차 늘고 있다. 그런 반면에 창업자의 니즈는 편한 사업을 찾는 것이 현실이다. 하지만 남 보기에 좋은 아이템이 수익성이 높은 사업은 아니다. 특히 초보 창업자라면 창업의 본 궤도에 안착하기 위한 시뮬레이션 아이템으로 배달 사업에 주목할 필요가 있다. 중국집 배달부터 분식 배달, 치킨, 피자, 도시락, 족발 등등 아이템은 널렸다. 창업의 선수치고 그 옛날에 배달 장사 한두 번 안 해본 사람은 별로 없다. 수익 측면에서도 배달 아이템을 결코 우습게 볼 일은 아니다.

프랜차이즈에 무작정 뛰어들어서는
안 되는 이유

창업 초보자 중에는 내가 선택한 아이템 이 혹시 유행 아이템이 아닐까에 대한 우려가 많다. 유행 아이템이란 일시적으로 반짝하고 사라지는 아이템을 말한다. 쉽게 말해 짧게는 6개월, 길어도 1~2년 내에 자취를 감추는 아이템이다.

실제 그러한 사례가 적지 않다. 행복한 인생 2막을 꿈꾸며 의욕적으로 시작한 창업이 유행 아이템 선택의 오류로 인해 투자 원금도 건지지 못한 채 실패의 나락으로 빠지는 것이다. 당사자 입장에서는 정말 심각한 일이 아닐 수 없다. 하지만 유행 아이템이 반드시 나쁘다고 단정 짓기는 곤란하다. 창업의 선수들은 사실 유행 아이템으로 큰 재미를 보는 예도 많기 때문이다.

그렇다면 유행 아이템은 어떻게 양산되는 것일까? 수요와 공급의 법칙에서 그 원인을 찾을 수 있다. 창업 시장에는 수요에 해당하는 소비자와 공급을 좌우하는 공급 주체가 존재한다. 1990년대 이후 한국 창업 시장의 가장 큰 공급 주체는 프랜차이즈 본사라고 해도 무방하다. 하나의 프랜차이즈 본사는 수많은 브랜드를 양산한다. 브랜드 중에는 가맹점 수가 3,000개 매장이 넘는 게 있는가 하면, 몇십 개 매장도 오픈하지 못하고 사라지는 브랜드 또한 부지기수다.

여기서 잠깐 프랜차이즈 본사의 수익 구조를 살펴보면 가맹비, 로열티, 인테리어 마진 등의 개설 수익과 식자재 공급에 따른 유통 수익으로 나뉜다. 본사 입장에서는 지속적인 개설 수익과 유통 수익이 뒷받침되어야만 회사를 꾸려가는 데 문제가 없다. 대다수 프랜차이즈 본사들이 다점포 전략을 수익 모델로 내세우는 이유가 여기에 있다. 그리고 자체적으로 아이템을 개발해서 새로운 브랜드를 론칭하는 경우도 있지만, 어떤 아이템이 뜬다고 하면 너도나도 유사 브랜드를 만들어내는 게 한국 프랜차이즈 창업 시장의 현실이기도 하다. 한때 유행했던 찜닭, 불닭, 닭강정, 조개구이, 낙지 한마리 수제비, 치즈 등갈비, 디디알&펌프, 스티커 자판기점 등이 그 대표적 예다.

소비자 입장에서 본다면 어느 날 갑자기 새로운 아이템이 눈에 띄기 시작한다. 회사 앞에도 보이고, 집 근처 상권에도 보이기 시작한다. 소비 심리상 새로운 아이템이 출현하면 구매충동을 느낄 수밖에 없다. 그 같은 기대감에 한번 매장을 방문했는데, 기대했던 만큼의 만족도가 없으면 이내 외면한다. 첫 구매의 만족도는 높다고 하더라도 반복 구매를 하면서 금방 식상함을 느낄 수도 있다. 그렇게 한 사람의 소비자가 외면하면 삽시간에 주변의 다른 소비자에게도 전파된다. 정리하자면 유행 아이템 실패의 궁극적인 원인은, 프랜차이즈 본사가 우후죽순으로 생기면서 단기간 내에 가맹점이 급속도록 증가해 공급 과잉 현상을 초래하기 때문이다.

이때가 유행 아이템 가맹점에서는 극심한 매출 부진을 겪게 되는 시기이기도 하다. 폐점하는 매장도 속출하게 된다. 때문에 신규 아이템에 진입할 때는 해당 사업이 프랜차이즈 본사들이 손쉽게 달려들 수 있는 아이템인지를 가늠해볼 필요가 있다.

그런데 창업의 선수들은 왜 유행 아이템으로 큰돈을 번다고 할까? 이들은 시장의 흐름을 읽는 눈이 아주 민감하다. 창업의 선수들은 어떤 아이템이 상권에 출현하면 그 아이템의 사업성 및 프로세스, 라이프 사이클부터 예측하기 시작한다. 그래서 지금 시작해도 되겠다는 판단이 들면 원하는 입지를 찾아서 빠르게 매장을 오픈하고 영업에 들어간다. 그렇게 일정 기간 동안 영업하다가 유사 매장들이 속속 출점하는 것을 보게 되고, 이때쯤이면 과감하게 투자 금액과 권리금 차익까지 챙기면서 매장을 정리하는 수순을 밟는다. 즉, 해당 업종의 라이프사이클을 보면서 투자자들이 급속히 뛰어드는 8부 능선쯤에서 철수하고, 또 다른 신규 사업을 모색하는 것이다. 그리고 이때 뛰어드는 초보 창업자는 상투를 잡은 격이 된다.

이렇듯 유행 아이템의 피해자가 되지 않기 위해서라도 늘 상권의 흐름과 트렌드 읽기에 열중해야 한다. 시장에서 어떤 창업의 선수가 무슨 아이템을 시작하고, 어디쯤에서 손을 떼는지에 대해 촉각을 세워야 하는 것이다.

공장 식사 전문점 사장으로 즐겁게 살아가기, 경기도 광주 맛뜨락

상권은 늘 수요와 공급의 두 가지 축으로 움직인다. 즉, 사람이 많이 모이는 좋은 상권일수록 투자 금액이 크다. 하지만 수익률 또한 상권을 따라간다고 여겨서는 안 된다. 많은 비용을 투자했는데, 수익률이 기대에 못 미치거나 오히려 떨어질 수도 있다. 물론 그 반대의 경우도 있다. 경쟁이 치열하지 않은 상권인데도 안정적인 수익을 올리는 가게가 있는 것이다. 남들이 주목하지 못한 상권에서 나름의 수요를 찾아낸 것이 비결이라고 할 수 있다.

경기도 광주시 오포면 매산리는 중소형 공장이 모여 있는 작은 마을이다. 이곳 공장 지대 진입로변에는 10년째 공장 식사 전문점을 운영하는, 왕순애 대표의 '맛뜨락'이라는 음식점이 있다.

도심지 상권에서 음식점을 운영하는 사람들은 한적한 공장 지대의 음식점 하면 공장 노동자를 대상으로 하는 함바 식당, 혹은 배달 식당 정도로 이해하는 경우가 많을 듯하다. 하지만 공장 식사는 서울 여의도나 마포, 광화문 일대 오피스 상권이 시골 공장 지대로 옮겨온 것뿐이다. 그래서 가격은 한 끼 5,000원으로 저렴해도 결코 싸구려 음식이어서는 안 된다고 한다.

실제 왕 대표가 운영하는 맛뜨락의 반찬 수는 기본적으로 9가지가 서비스된다. 국과 후식으로 나오는 샌드위치와 간식 류를 더하면 도합 11찬이다. 당연히 밥맛도 중요한데, 맛뜨락에서는 경기미를 써서 흰밥과 흑미밥 두 종류를 내놓는다. 최근에는 흰밥보다는 흑미밥을 선호하는 공장 직원 분들이 훨씬 많기 때문이다. 그리고 구내식당처럼 이용하는 공장 직원들 특성상 질리지 않는 메뉴 구성이 무엇보다 중요하다.

맛뜨락은 얼마 전가지만 해도 테이블마다 가정식 백반을 서비스해주는 형태였는데, 지금은 50평 실내 공간을 새롭게 단장해 뷔페 스타일로 바꿨다. 물론 이유가 있다. 무엇보다 공장 식사 전문점에서는 배달 매출이 70%를 차지한다. 그래서 아침부터 배달 업무에 치중하다 보면 홀 서비스에 전념하기가 어렵기 때문이다. 다행히 고객 반응이 호의적이었고, 뷔페 스타일로 바꾼 후부터 인건비 절감뿐만 아니라 음식물 쓰레기를 절반으로 줄일 수 있는 효과까지 있었다.

도심 상권에서는 배달 대행 서비스가 활황인데, 맛뜨락에서는 그 역할을 왕 대표의 남편이 담당한다. 인건비도 그렇거니와 전담 직원을 뽑아 하루에 수백 개 물량을 매일 배송하는 것은 쉬운 일이 아니기 때문이다. 배달은 다마스를 이용하고 있다. 음식점 입장에서 다마스 차량은 개별소비세 비과세 대상으로, 주유비나 수리비 등의 부가세 환급이 가능하다는 이점도 있다.

그렇다면 맛뜨락처럼 공장 식사 전문점으로 성공하려면 어떤 점에 유의해야 할까?

첫째는, 점포 입지 경쟁력이다. 점포 인근의 공장들이 어느 정도 규모인지를 따져보는 게 핵심이라고 할 수 있다. 왕 대표가 입점한 경기 광주시 오포읍에는 519개 업체가 있다. 수치로 확인해볼 때 결코 적지 않은 수요인 것이다.

맛뜨락의 실내 모습. 단출해 보이는 듯해도 11찬의 음식을 효율적이고도 정성스럽게 서비스하고 있다. 고객의 거부감을 다른 것으로 채울 수 있다면, 뷔페식은 버려지는 음식을 줄이고 서빙 노력을 획기적으로 줄일 수 있는 시스템이다.

둘째는 역시 상품 경쟁력이다. 공장 식사라고 해서 함바 식당을 운영하듯이 음식을 적당히 내놓아서는 실패의 지름길이다. 고객이 선호하는 메뉴를 잘 이해하고 양질의 상품을 제공하는 것은 기본 중의 기본에 속한다.

셋째는 서비스 경쟁력과 신규 고객 확보를 위한 영업력, 이 또한 참 중요하다. 배달 매출 의존도가 높으므로 신규 배달 고객을 확보하는 게 관건이라고 할 수 있다. 오픈 초기라면 1단계 미션으로 하루 100개 이상의 배달 물량을 확보할 수 있어야 한다. 이를 위해 각 공장 결제권자와 긴밀한 관계를 유지하는 영업력이 절대적으로 필요하다. 물론 홀 매출도 무시할 수는 없다.

왕 대표는 그간 임차료를 주고 운영하던 현재의 음식점을 매입해 이제는 어엿한 건물주이기도 하다. 요즘처럼 임차료가 천정부지로 치솟는 시기에 월세 내지 않고 사업을 할 수 있어서 더욱 즐겁다.

현재는 하루 400~500인분의 공장 식사를 서비스하고 있는데, 원가가 35% 내외, 인건비는 총 4명 비용으로 800만원이 지출된다. 다만, 시골 음식점일수록 인건비가 더 높을 수도 있다. 사람 구하기가 힘들기 때문이다. 이렇게 기타 판관비를 제외한 왕 대표의 월 순이익은 매출액 대비 25% 정도로 보인다.

공장 식사 전문점은 결코 남보기 좋은, 그럴듯한 사업은 아니다. 하지만 왕 대표는 그간 몸이 많이 힘들었어도 요즘은 하루하루가 즐겁다고 한다. 남편과도 늘 웃고 살자며 서로를 다독인다고 한다. 부부애가 곧 음식점 경쟁력인 셈이다. 공장 식사점 사장으로 살아가는 또 하나의 장점은 바로 일찍 문을 닫을 수 있다는 것이다. 밤에 여가 시간을 가질 수 있고, 주말에는 남들처럼 쉴 수도 있다. 그런 면에서 공장 식사 전문점은 참 매력적인 아이템에 속한다.

한국에서 살아남은 일본 외식 아이템

최근 한국 상권에는 일본 바람이 거세게 불고 있다. 판매업이나 서비스업에서도 그렇지만, 일본 바람의 진원지는 외식 시장에서 가장 활발하게 포착된다. 일본 외식 아이템이 처음 한국 상권을 공략한 것은 80년대 서울 압구정동에 오픈한 라멘집이 최초로 알려져 있다. 이후 수많은 일본 아이템들의 한국 상권 진출이 러시를 이루었다. 2000년에 들면서부터는 일본 아이템이 국내 프랜차이즈 시장에서 주요 이슈를 점하기도 했다. 몇 년 전에는 일본인들이 가장 좋아한다는 '모스버거'가 서울의 잠실, 강남, 신촌 상권에 출점하기도 했다.

일본 외식 아이템은 크게 분류하면 면, 밥, 돈가스, 주점 시장으로 나눌 수 있다. 이렇게 수많은 일본 아이템이 한국 상권을 공략하는 것은 단순히 아이템 경쟁력 차원이 아니라, 한국과 일본의 식문화가 크게 다르지 않다는 동질성에 기반한다고 할 수 있다. 그렇다고 모든 일본 아이템이 재미를 보는 것은 아니다. 성과를 내는 아이템도 있지만, 큰 시행착오로 이어지는 사례도 적지 않게 발생한다.

그렇다면 한국 상권에서 성공과 실패를 거듭하고 있는 일본 아이템의 특성은 무엇일까? 또한 일본 외식 아이템의 올바른 출점 방향에 대해서도 한번쯤 짚어볼 필요가 있을 듯하다.

일본 아이템의 대명사는 '돈고츠豚骨 라멘'으로 대변되는 일본 라면일 게다. 일본 라면집은 인스턴트 라면이 주도하는 한국 외식 시장에서 차별화된 라면 요리로 각광을 받아왔다. 2000년 이후에 일본 라면 전문점은 프랜차이즈화로 바람몰이를 했는데, 처음 일본 라면이 등장했을 때의 낯설음은 이제 찾아보기 힘들다. 일본 라면 또한 한국 소비자에게 보편적인 면류 아이템으로 자리 잡았다고 할 수 있다. 하지만 볼멘소리도 들린다. 프랜차이즈 업체들이 난립하면서 일본 라면 전문점이 더 이상 한국 소비자들에게 경쟁력 높은 아이템은 아니라는 사실이다. 물론 상권에 따라, 개인 점포에 따라서 온도 차는 있다. 다만, 한국 소비자들의 색다른 구매 파워를 충족시키기에 일본의 돈고츠 라멘이 뉴스가 되는 시대는 지났다.

라면만큼이나 흔한 일본 외식 아이템에는 '돈부리'도 있다. 원래 돈부리는 요리 이름이 아니다. 음식을 담는 밥그릇보다는 크고 우리의 칼국수 그릇보다는 작은 그릇 이름이 돈부리다. 흔히 돈부리는 일본식 덮밥요리를 가리키는데, 한국의 덮밥요리는 비벼서 먹는 반면 일본의 돈부리는 비벼 먹지 않는다는 게 다르다. 홍대의 작은 반지하 가게에서 비롯된 돈부리 아이템이 한국 외식 시장에서 다크호스로 떠오른 이후 주요 프랜차이즈 본사들은 앞 다퉈 돈부리 아이템으로 신규 브랜드를 만들어 가맹점 확장에 열을 올렸다.

일본 라면, 돈가스, 카레 전문점, 이자카야 같은 일본 외식 아이템은 홍대 거리에서 익숙한 풍경이 된 지 오래다. 그림은 서교동 주택가에 위치한 이자카야 '타마시'의 모습이다.

하지만 홍대 돈부리는 이후에도 호황을 누렸지만, 그 많은 돈부리 가맹점들은 인기가 시들어 갔다. 왜일까? 이유는 단 하나다. 단기간 내 특정 아이템이 너무 급하게 양적 팽창을 가져왔기 때문이다. 돈부리의 대명사였던 일본의 '요시노야'가 한국 시장에서 적응하지 못하고 퇴출된 사례도 이를 잘 보여준다. 즉, 홍대 상권의 신규 아이템으로 주목은 받았으나 일반 상권에까지 폭넓게 퍼지는 데는 아이템 자체의 한계가 명확했던 것이다.

그리고 일본의 밥류 아이템 중에 빼놓을 수 없는 게 카레 전문점이다. 카레의 원조는 인도식 커리인데, 일본 시장으로 건너가면서 일본 카레 시장의 새 역사를 쓴 아이템이다. 일본식 카레의 한국 시장 진출은 성과가 크지 않은 게 현실이다. 카레라는 아이템 자체가 분식집 카레와의 차별화를 도출하는 데 한계가 있는 것으로 판단된다.

돈가스 시장은 호황과 쇠퇴를 반복하고 있다. 일본 돈가스 시장은 2000년대 초 외식 프랜차이즈 아이템의 선봉 역할을 자임했다. 당시 허수아비 돈가스, 메차쿠차 돈가스 등 일본 돈가스 브랜드가 한국 시장에서 두각을 드러내기도 했다. 하지만 2005년 이후로 점차 하향세를 달리기 시작했다. 특히 오피스 상권에 출점한 일식 돈가스 매장들은 가장 먼저 두 손을 들 수밖에 없었다. 직장인들의 식문화 특성상 반복 구매 빈도가 낮은 반면 단기간에 너무 많은 돈가스 가맹점이 상권에 출점한 게 원인이었다. 이후 일식 돈가스는 우동, 카레 등과 복합 아이템으로 출점하면서 명맥을 이어왔다.

흥미로운 것은 일식 돈가스와 한식 돈가스의 퓨전 콘셉트인 '한성 돈가스'가 20년 넘는 세월 동안 신사동 먹자골목의 터줏대감 역할을 하고 있다는 사실이다. 젓가락 돈가스라고 불리는 일식 돈가스 콘셉트에다 한국적인 김치 깍두기의 환상적인 조화가 강남 지역 수요층들의 입맛을 공략한 비결이라는 점이 시사하는 바가 크다. 최근 한성 돈가스는 광교 아브뉴프랑에 프랜차이즈 형태의 가맹점 매장을 선보였다. 신사역 1호점의 전통과 명맥을 잘 이을 수 있을지 귀추가 주목된다. 프랜차이즈 가맹점 사업으로 전환하면서 자칫 얄팍한 브랜드로 전락되지 않기를 바랄 뿐이다.

이제껏 한국 외식 시장에서는 일본 외식 아이템 따라잡기가 성행했다. 그중 상당수 아이템들은 일정 정도 성과 창출로 이어지고도 있다. 최근의 재미있는 사실은 일본 외식업체가 직접 한국 상권 공략에 나서는 사례가 늘었다는 점이다. 이자카야 브랜드 와타미, 텟벤, 그리고 모스버거 같은 브랜드가 대표적이다. 이는 우리 외식 시장 변화의 일대 계기가 되고 있다. 지금까지는 단순히 일본 아이템들을 따라하는 벤치마킹 수준이었다면, 앞으로는 일본 외식 경영자들의 다양한 디테일에 주목해야 하는 것이다. 서비스 경쟁력, 상인 정신, 고객 관리 시스템 등등 겉으로 보이는 것만이 아닌, 내면의 경쟁력 찾기에 심혈을 기울여야 할 때다. 또한 한국 소비자들의 눈높이에 맞는 맞춤형 일본 아이템 개발에도 노력을 기울여야 하지 않을까? 우리 땅에서 우리나라 사람들에게 장사를 할 것이니 말이다. ♣

17

동업,
서로의 부족함을
채우는 비결

; 동업, 부부 창업,
전수 창업의 실제

약속 시간에 늦는 사람과는 동업하지 마라.
시간 약속을 지키지 않는 사람은
모든 약속을 지키지 않는다.
— 김승호 〈김밥 파는 CEO〉 저자

'백지장도 맞들면 낫다'라는 속담이 있다. 창업 시장도 예외는 아니다. 동업을 검토해보는 것이 투자 비용을 줄이는 등 창업 기회를 확대하는 방법 중 하나다. 하지만 공동 창업, 이른바 동업은 긍정적인 시각보다는 부정적인 시각이 많다. 왜일까? 원인은 성과를 내지 못했을 경우 내 탓보다는 남의 탓으로 돌리는 일이 흔하기 때문이다. 그리고 동업은 진정한 독립이 아니라는 인식 또한 부정적인 시각을 갖게 하는 한 요인으로 분석된다.

그럼에도 최근의 창업 시장에서는 공동 창업이 창업의 새로운 기회 요인으로 떠오르고 있다. 잘만 하면 혼자서 하는 창업보다는 둘 혹은 여럿이 하는 창업이 기회를 늘리고 위험을 줄일 수 있다는 판단에서일 듯하다. 과연 그럴까?

동업을 피하는 게
상책만은 아니다

동업의 형태는 몇 가지 유형으로 나눌 수 있다. 먼저 초보 창업자들이 자본과 기술력, 노동력을 공동 투자하고 수익에 대해서도 균등 분할하는 일반적인 동업 형태다. 자본력에 한계가 있을 때 몇 명이 자본을 모은다면 아이템 선택의 폭이 넓어지는 이점이 있다.

하지만 이 경우에 동업의 성공률은 그리 높지 않은 편이다. 자본금을 키워서 경쟁력 있는 아이템, 점포 선정에 유리하기는 해도 창업 주체의 경쟁력에 있어서 모두가 초보자라는 점 때문에 시행착오로 그칠 가능성이 높다.

둘째는 서로의 역할과 책임을 달리하는 동업이다. 이를테면 한 사람은 자본을 투자하고, 다른 한 사람은 기술력 및 운영 능력을 투자하는 방식인데, 비교적 성공 확률이 높은 편이다. 다만, 이 경우에 조심해야 할 것은 서로 간의 역할과 책임을 공정하게 설정하고, 운영 수익 분배에 대한 객관적인 설정 문제다. 투자 금액에 대한 지분과 운영 노하우에 대한 지분을 공평하게 조정할 수 있어야 하는 것이다.

배분 문제에 있어서 정답은 없다. 돈을 100% 댄 투자자 입장에서는 자본을 전적으로 책임졌다는 이유로 최소한 절반 이상의 수익 지분을 요구하는 경우도 있다. 한편 운영 노하우를 투자한 전문 경영인의 경우 수익 모델을 기획하고 만들어내는 등 핵심 역량을 투자했기 때문에 운영에 대한 지분을 최대한 높이려 할 것이다. 그러므로 이때는 서로 간의 의사 조정을 통해 동업 계약서를 꼭 작성해야 한다.

셋째는 하나의 수익 모델에 여러 명이 집단적으로 투자하는 형태의 동업이다. 최근 프랜차이즈 본사에서 자사 브랜드의 출점 전략 중 하나로 이 방법을 채택하는 경우도 있다. 즉 하나의 가맹점을 운영하는 데 1

억원 투자자 5명이 모여 5억원의 자본금을 만들고, 전문 경영인을 연결해 5억원짜리 가게를 만드는 경우다. 투자자 5명에 전문 경영인 1인이 결합한 형태인 것이다.

이때 프랜차이즈 본사는 그다지 위험성이 없다. 어쨌거나 대형 점포를 신규로 개설할 수 있고, 개설 수익을 올릴 수 있기 때문이다. 하지만 투자자 입장에서는 5명의 투자자, 혹은 10명의 투자자 중 한 사람에 불과하기 때문에 경영권을 행사하는 데 한계가 있다. 또 여차하면 배가 산으로도 갈 수 있다.

사업을 하다 보면 매출이 오르락내리락하기 마련이다. 그런데도 투자자와 운영자 사이의 입장 차를 원만하게 조율하지 못한다면 자칫 경영 불화로 이어질 수 있다. 뿐만 아니라 브랜드 아이템의 경우 라이프사이클 상의 매출 변동성이 심할 수 있는데, 투자 원금을 회수하기도 전에 브랜드나 아이템 자체의 가치 하락으로 수익성이 떨어질 수도 있다. 어찌어찌해서 뛰어는 들었는데 최악의 상황에서 빠져나올 방법이 신통치 않을 수 있다는 얘기다.

그렇다면 가장 올바른 형태의 동업, 성공률을 높일 수 있는 공동 창업 방법은 무엇일까? 먼저 단순한 의기투합형 동업은 지양해야 한다. 특히 술자리에서 즉흥적으로 결정한 동업은 실패 가능성이 높을 수밖에 없다. 아는 사람이니까, 동창이니까, 친하다는 이유 하나만으로 동업을 결정하는 것은 실패의 지름길이라 할 수 있다. 동업일수록 수익 모델에 대해 더욱 철저하게 검증할 필요가 있다. 그것만이 돈을 지키고 인간관계도 지키는 비결이다.

그렇게 수익 모델에 대한 시장 경쟁력, 운영 경쟁력, 궁극적으로 투자 금액 대비 수익성에 대한 타당성 분석 절차를 거친 후 아이템 선정을 해야 한다. 또 한 가지, 투자와 운영에 대한 역할과 책임 범위, 수익 배분에 대해 동업 계약서 작성은 필수다. 이때 가급적 동업자끼리는 역할을 달리하는 것이 낫다. 예컨대 한 가게에 같은 역할의 동업자가 또 있으면 직원들 입장에서는 혼란스러울 수밖에 없기 때문이다. 동업 주체는 2명 정도가 가장 이상적이다. 동업 주체가 많을수록 의사결정이 어려워지고, 경영 효율도 떨어뜨리게 된다.

내게 맞는
창업 형태는 무엇일까?

자영업 경영에서 가장 중요한 한 가지를 들라면 사람, 즉 창업 주체의 경쟁력을 1순위에 놓겠다. 아이템 경쟁력이니 입지 경쟁력이니 하는 것들은 가게를 경영하는 사람, 그다음의 문제다. 무엇보다 '할 것 없으면 장사나 해볼까'라는 식의 사고방식을 가진 사람이 창업하면 백전백패일 수밖에 없다.

나는 IMF의 칼바람이 한창일 무렵 MBC '일밤'의 〈신동엽의 신장개업〉이라는 코너에서 전담 컨설팅을 맡은 적이 있다. 경제 상황의 악화로 인해 심각한 영업 부진을 겪는 매장을 선택해 장사가 잘될 수 있는 방법을 찾아주는 프로그램이었다. 시장조사부터 인테리어까지 점포 클리

닉 과정을 거쳐 방송에 내보내면서 아쉬웠던 점 한 가지를 밝힌다. 당시 출연자들의 상당수는 더 이상 회생 가능성이 없는 사람들이 대부분이 었다. 그 이유는 무엇이었을까? 여러 분야에서 문제가 드러났지만, 가장 큰 실패 원인은 가게를 운영하는 사장 본인의 경쟁력에 있었다. 어떤 출 연자는 방송 몇 개월 후에 다시 필자를 찾아와 방송국에 얘기해서 다시 한 번 방송해줄 수 없느냐고 문의하기까지 했다. 이는 창업을 진행하는 경영자의 기본 마인드에 관한 문제다.

그만큼 가게 경영에서 사람이 중요하다는 뜻이다. 그렇다면 나 홀로 창업이 아닌 부부 창업, 가족 창업의 경우는 또 어떨까? 일단 나 홀로 창 업에서는 혼자서 운영하는 만큼 인건비가 많이 소요되는 아이템은 피하 는 게 좋다. 추천 업종이라면 배달형 음식점, 실내 포장마차, 10평 내외 의 미니 음식점 등 주인이 주방과 홀을 컨트롤할 수 있는 아이템이 아무 래도 유리하다.

부부 창업은 가장 보편적이고, 많은 사람들이 추천하는 창업법이다. 부부가 같이 사업을 진행한다면 부부간 찰떡궁합이 사업 궁합으로 연결 돼 사업 효율을 높이는 장점이 있다. 그런데 부부 창업에서 주의할 점이 있다. 부부간의 철저한 역할 분담이 이루어져야 한다는 사실이다. 한쪽 이 주방을 책임진다면, 다른 한쪽은 홀을 책임지는 식이 적절하다. 물론 부작용도 종종 발생한다.

마포구 상암동에서 호프집을 운영하던 어느 사십대 초반의 사장은 매장을 같이 운영하면서 3개월 동안에 사이가 급격히 나빠져 이혼 위기 까지 치달은 경우도 있다. 몇 년 동안 따로 지내던 부부가 어느 날 갑자기 하루 종일 붙어있게 됨으로써 발생하는 부작용이다. 반대로 부부 창업을 시작하면서 금슬이 더 좋아졌다는 경우도 종종 보인다. 때문에 내가 현재 처한 상황과 조건을 잘 고려해 결정하는 것이 바람직하다.

가족 창업 또한 성공 가게의 전형으로 자주 보게 된다. 가족 창업은 두 가지 형태로 나타난다. 첫째는 하나의 매장을 전 가족이 참여해서 공동 운영하는 방식이다. 이 경우 인건비를 줄일 수 있고, 가족 간의 신뢰로 안정적인 운영 시스템을 갖출 수 있다. 둘째는 가족끼리 각각의 매장을 운영하는 방식이다. 성공한 음식점에서 가까운 가족에게 별도의 매장을 내주는 경우다.

그러면 나 홀로 창업과 부부 창업, 가족 창업 중 어떤 형태가 가장 바람직할까? 가족을 보호하면서 먹여 살린다는 마인드가 강한 남편이나 아내라면 나 홀로 창업을 할 수밖에 없다. 물론 혼자서 할 수 있는 아이템이라면 별 걱정이 없다. 하지만 음식 장사라면 혼자서 할 수 있는 아이템은 길거리 아이템 외에는 그리 많지 않다. 이때는 나의 분신이랄 수 있는 직원을 잘 뽑아야 한다. 카운터든 주방이든 어디를 맡겨도 믿을 수 있는 직원 선택에 신중을 기해야 하는 것이다.

부부 창업을 고려한다면 다른 곳의 경험담부터 들어볼 필요가 있다. 그리고 자녀교육이나 육아 문제도 반드시 대안이 있어야 한다. 사업을 잘하는 것 이상으로 자녀들을 잘 키우는 것도 중요하기 때문이다.

광진구에서 부대찌게집을 운영하는 어느 사장은 의류업은 물론 음식업까지 15년 이상을 자영업으로 잔뼈가 굵은 사람이다. 요즘 들어 그의 가장 큰 걱정은 바로 고등학교 졸업 후 마땅한 직장 없이 놀고 있는 큰딸이다. 30대부터 부부가 같이 자영업을 해왔기 때문에 자녀들은 종일반 유치원에 맡기거나, 때로는 할머니에게 맡겨놓을 수밖에 없었다. 하지만 고등학교에 들어가면서부터 학교생활에 불안한 모습을 보였다고 한다. 엄마라도 곁에 있어서 돌봤더라면 비행 청소년까지 가지는 않았을 것이라고 후회한다. 사업에는 성공했지만 가정관리 실패를 대가로 치른 것이다. 부부 창업 시에 반드시 유념해야 할 사항이다.

제주도를 구워 먹다, 은평구 제주도 그릴

경기 불황에도 줄서는 음식점은 여기저기에 있다. 그중 돼지고기라는 가장 평범한 아이템을 특별하게 일궈낸 음식점이 있다. 바로 서울 은평구 상권의 1등 돼지요리집 '제주도 그릴'이다. 삼십대 초반 청년 창업자 세 사람이 의기투합해 제주도 테마의 돼지 고깃집을 탄생시켰는데, 공공 창업 형태뿐 아니라 가게 운영에 있어서도 모범 케이스라 할 만하다.

이들 동갑내기 세 사람은 서울의 한 초등학교 동창생들이다. 은평구 역촌동 동네 상권 10평 공간에 '고깃집'이라는 간판을 단 것은 2011년 2월이었다. 처음엔 두 명의 친구가 동업으로 시작했다. 당시에 창업 자금은 5,000만원을 넘지 않았지만, 고기 맛이 소문나면서 이내 사람들이 몰렸다. 작은 가게임에도 불구하고 매출액은 3,000만원 이상을 기록할 수 있었다.

그렇게 10평 가게의 성공에 힘입어 3년 만에 직영 2호점을 오픈하게 되었는데, 2호점의 출점 콘셉트는 '제주도를 구워 먹다'라는 의미에서 상호를 '제주도 그릴'로 정했다. 역촌역 인근 1층 35평, 투자 금액은 1억원 남짓에, 월 임차료는 300만원이 조금 넘는다. 요즘 같은 때에 제주도 그릴의 한 달 매출은 6,000만원에 육박한다. 식재료 원가율을 40%로 계산하면 순이익률은 매출액 대비 30%에 달한다.

젊은이들의 톡톡 튀는 센스만큼 제주도 그릴에는 숨어있는 무기가 많다. 그중 점포 앞에는 노란 수족관이 있다. 활전복이 살아 숨 쉬고 있다. 친구 세 사람은 제주도가 좋아서 1년 반 동안 제주도에 살면서 제주도 콘셉트의 고깃집 창업을 준비했다고 한다. 고깃집의 백미는 역시 참숯인데, 이 집의 3대 무기 중 하나는 바로 강원도에서 직송한 참숯이다. 동업자 중 한 사람이 강원도 집에서 직접 만든 참숯 화로에 양질의 제주도 돼지고기와 전복을 구워 먹는 콘셉트인 것이다.

이렇듯 제주도 그릴은 돼지고기와 해산물이 만나서 환상적인 콜라보레이션을 연출한다. 제주도에서 직송한 특급 삼겹살과 목살, 갈매기살에 제주도산 전복을 구워 먹을 수 있다. 그냥 된장찌개도 있지만 제주도산 오분자기 뚝배기가 발군에, 여수산 갈치속젓과 추자도 꽃멸치젓, 울릉도 명이나물 등 전국의 특색 있는 곁들이찬이 미각을 자극한다.

제주도 흑돼지 목살과 오겹살의 가격은 동일한데, 200g 1인분에 16,000원, 흑돼지 모듬 600g은 45,000원이며 갈매기살, 항정살, 가브리살은 180g에 13,000원이다. 은평구가 서민층 상권인 것을 감안하면

제주도 그릴의 전경과 숯불 바 카운터. 젊은 사장 세 명의 의기투합과 활기야말로 제주도 그릴
의 가장 큰 경쟁력이라고 할 수 있다.

가격대는 결코 저렴하지 않지만, 가격 저항은 없다고 한다. 제주도 그릴 의 고기는 얼리지 않고, 모두 저온숙성냉장고에 숙성한 다음에 서비스 하고 있다. 주류로는 제주도 콘셉트에 걸맞게 감귤 막걸리도 있고, 한라 산 소주를 4,000원에 판매한다. 제주도에 여행간 듯한 느낌이 확 드는 순간이다.

제주도 그릴은 시설부터 남다른 감이 있지만, 그렇다고 인테리어가 화려하지는 않다. 재미있는 것은 일식집에서나 볼 수 있는 바 카운터가 고깃집에 있다는 것이다. 1~2인 고객을 위한 숯불 바 카운터는 연인들 에게 인기라고 한다. 시설 차별화 요소 중 하나다. 그 밖에 또 다른 경쟁 력은 세 청년들의 활기찬 서비스다. 우직한 청년들이 검은 유니폼을 입 고 열심히 매장을 뛰어다니는 모습이 보는 이의 기분을 경쾌하게 한다. 청년 서비스가 포인트이다 보니까 제주도 그릴 고객의 절반은 여성 고 객이다.

가게 운영은 유선배, 장천웅, 안명우 대표가 공동으로 맡는데, 세 사 람의 역할은 저마다 다르다. 유선배 대표가 활기찬 서비스를 만들어내 는 고객 관리 및 홀 서비스 담당, 장천웅 대표는 돼지고기를 육절기가 아닌 직접 3.5센티미터 두께로 써는 고기와 조리 담당, 안명우 대표는 제주도 그릴의 중요한 포인트인 참숯 관리와 홀 담당이다.

제주도 그릴에는 저녁이면 제주도 고기 맛을 보려는 손님들로 늘 북 적인다. 영업시간은 오후 5시부터 밤 12시까지이다. 점심 영업을 하지 않고도 줄서는 고깃집을 만드는 비결은 제주도 고기와 해산물의 컨버전 스를 이뤄낸 상품 경쟁력, 그리고 청년 창업자 세 사람의 팀워크로 다져진 서비스 경쟁력에 있다고 할 수 있다.

문제는 동업인데, 이들은 지분 설정과 역할, 수익 배분에 대한 잡음 없이 동업의 긍정적인 요소를 극대화시켰다고 해도 좋을 만큼 역할 분담과 협업, 소통이 잘되고 있다. 아마 서로에 대한 믿음, 그리고 훗날의 비전을 공유하고 있기 때문이 아닐까 한다. 이들 세 사람은 현재 역촌동의 2개 직영 매장 외에도 마포구 2곳, 일산에 1곳, 광주광역시에 2곳 등 총 5개의 분점을 출점시키는 데 성공했다. 향후엔 각자의 매장을 갖고, 나아가서 점포형 사업을 뛰어넘는 착한 기업형 비즈니스를 꿈꾸고 있다. ♣

18

입소문이야말로
최고의 마케팅 도구

; 인터넷 마케팅과
블로그 글쓰기

가장 좋은 광고는 만족한 고객이다.
— 필립 코틀러(마케팅 컨설턴트)

손님이 줄을 서는 음식점과 소위 파리만 날리는 음식점의 차이는 무엇일까? 무조건 음식 맛만 최고면 줄서는 가게로 변신할 수 있을까? 이제는 그렇지 않다. 우리나라에서 매출액 1등을 기록하며 성업 중인 음식점이 음식 맛이나 고객 만족도 측면에서도 반드시 1등이라는 등식은 성립하지 않는다.

다만 문전성시를 이루는 음식점들에게는 몇 가지 특징이 있다. 다른 무엇보다 그들 가게에는 끊임없이 새로운 고객이 생겨나고 있다. 반대로 극심한 매출 부진을 겪는 음식점들의 공통점 중 하나는 신규 고객이 아닌 아는 사람 위주로 영업을 하고 매출의 대부분 또한 거기에서 나온다는 사실이다. 당연한 말이지만 장사가 잘되려면 주인이 모르는 신규 고객이 계속 생겨나야만 한다. 그 고객이 또 다른 새로운 고객으로 연결되어야만 대박을 만들어낼 조건이 갖춰지는 것이다.

관건은 신규 고객을 어떻게 만들어낼 것인지의 문제다. 비즈니스 리서치 회사인 닐슨컴퍼니의 조사에 따르면, 한국인이 가장 신뢰하는 광고 형태는 무엇인가에 대한 질문에 '지인의 추천하는 정보를 가장 신뢰한다'라는 항목의 응답률이 89%로 1위를 차지했다. 소비자들은 그 어떤 매체보다 가까운 지인이 얘기하는 정보를 가장 신뢰하는 것으로 나타났다. 2위는 온라인 의견 76%, 3위는 신문기사 68%, 4위는 브랜드

웹사이트 64%, 5위는 TV광고 59% 순이다. 이를 종합해보면 한국의 소비자들은 지인의 추천 외에도 인터넷을 비롯한 온라인 정보에 대한 신뢰가 오프라인 신문 정보보다 더 크다는 것을 알 수 있다. 즉, 온·오프라인으로 퍼지는 입소문 정보가 구매로 이어지는 사례가 날로 늘어나고 있다는 얘기다. 이제 자영업 경영자 입장에서는 인터넷에서 어떻게 입소문을 낼 것인가에 대안 복안 없이는 홍보 마케팅을 말할 수 없는 시대가 되어버렸다.

어떻게 우리 가게를
알릴 수 있을까?

그렇다면 우리 가게의 인터넷 입소문을 가장 효율적으로 낼 수 있는 방안은 무엇일까?

국내 인터넷 이용 인구는 세계 최고 수준이다. 그중에서도 포털 사이트인 네이버의 영향력은 갈수록 커지고 있다. 네이버 회원 수는 약 3,700만명으로 우리나라 전체 인구의 74%나 된다. 국민 4명 중 3명이 네이버에 접속하고 있다는 얘기다. 그리고 네이버를 방문하는 하루 방문자 수는 무려 1,800만명에 달한다. 주요 번화가 상권의 하루 유동 인구는 명동 상권이 300만명, 동대문 상권이 100만명, 동경 신주쿠 상권이 400만명, 뉴욕 타임스퀘어 상권이 150만명 정도로 추정되고 있다. 세계의 간판 상권에 운집하는 유동 인구와 비교해도 네이버의 방문자

수가 월등히 많음을 알 수 있다. 또한 네이버 1일 방문자 중에서 어떤 정보를 찾고자 순수 검색을 위해 접속하는 수는 1,200만명에 달한다. 결론적으로, 한국 시장에서 입소문을 통해 신규 고객을 창출하려면 네이버에서 우리 가게의 노출 빈도를 어떻게 높일 것인지에 대한 답을 찾아야 한다는 것이다.

인터넷에서 가게를 노출하기 위해서는 예전에는 홈페이지를 만드는 것이 가장 중요했다. 하지만 최근에는 별 의미가 없어졌다. 홈페이지는 특성상 고객에게 일방적으로 알려주는 정보가 대부분이라서 사람들은 가게 홈페이지에 전혀 흥미를 느끼지 못한다. 하지만 블로그는 다르다. 블로그 마케팅만큼은 아직 2030 젊은 층 고객들에게 충분히 먹혀들어가는 시대이다. 그러면 가게를 경영하는 입장에서 효율적인 블로그 마케팅은 어떻게 진행할까? 먼저 돈을 들이지 않는 진성 블로거를 많이 확보할 수 있다면 금상첨화일 것이다. 요즘은 대형 상권일수록 광고성 블로그가 '도배'를 하는 경우가 많아서 손님들이 직접 후기를 올린 진성 블로그와 돈을 받고 올려주는 광고성 블로그는 일반 소비자들도 어느 정도 구별한다.

블로그 정보가 신규 고객 창출로 연결되기 위해서는 진성 블로그처럼 보이면서도 재미와 정보를 동시에 담아야 한다. 정보와 재미의 합성어인 인포테인먼트infotainment는 인터넷 마케팅의 핵심 키워드다. 블로그는 글과 사진, 그리고 동영상으로 구성되는데, 주인 입장에서도 우리 가게의 블로그를 직접 만들 필요가 있다. 물론 어떤 관점과 내용으로 블로그를 구성할 것인지를 고민해야 한다. 주인이 아닌 척하면서 손님처럼 블로그를 운영할 수도 있지만, 이는 좋지 않다. 떳떳하게 주인임을 밝히면서 '홍길동의 좌충우돌 음식점 사장 일기' 같은 재미있는 제목을 달아 블로그 내용에 정성을 들인다면 충분히 효과를 기대할 수 있다. 물론 글을 꾸준히 올리고 방문자와도 적극적으로 소통하는 외에 블로그 태그 키워드도 잘 다는 게 중요하다.

인터넷 마케팅은 블로그부터 시작하는 게 좋다. 고객들이 포털 사이트에서 '○○ 맛집' 같은 키워드를 입력하면 블로그 정보가 가장 위에 노출되기 때문이다. 블로그 외에 카페, 웹문서, 뉴스, 지식인, 동영상 등의 카테고리에 우리 가게를 노출할 수 있는 방법을 동시에 병행하면 더할 나위 없다. 최근에는 블로그 홍보를 대행해주는 마케팅 업체들도 난립하고 있다. 이들 업체는 '인터넷 10대 상권' 같은 분류에서 가게 블로그를 상위에 링크해주는 조건으로 한 달에 150~200만원을 요구하기도 한다. 메타 블로그(개별 블로그를 하나로 묶은 블로그 포털 사이트) 업체를 통한 마케팅도 활발해지고 있는 추세인데, 한 달에 20만원 정도의 비용을 지불하면 전문 블로거 5~6명을 파견해 진성 고객처럼 신규 콘텐츠를 블로그에 노출시키는 방식이다. 가게 입장에서는 월 20만원과 5~6명에 대한 시식 비용을 부담하게 된다.

인터넷 마케팅은 거부할 수 없는 물결이라고 해도 과언이 아니다. 스마트폰을 이용한 음식점 관련 어플도 속속 생겨나고 있다. 이들 스마트폰 어플리케이션은 기존의 홍보 전단지 시장을 빠르게 잠식해 가고 있다. 최근 네이버는 '모두' 서비스를 시작했다. 홈페이지를 직접 제작할 수 있는 서비스다. 소상공인들이 돈 들이지 않고 네이버에 홈페이지를 떠올 수 있는 안성맞춤 툴이 아닐 수 없다. 블로그 마케팅은 페이스북, 트위터, 카카오스토리 같은 SNS, 모바일과 연동해야 한다. 이제는 디지털 마케팅의 숙련도 여하가 매출과 직결되는 시대로 빠르게 변하고 있다.

족발집 사장님이
매일 블로그 글을 쓰는 이유

요즘은 어떤 상품을 만들어내느냐의 문제보다, 만들어진 상품을 어떻게 팔 것이냐의 문제가 더 중요해지고 있다. 아무리 작은 가게라도 마케팅이 필요한 시대라는 얘기다.

마케팅 하면 예전에는 전단지를 만들어 배포하거나, 아니면 인터넷 홈페이지를 만들어야 할까를 고민하는 정도였다. 이제는 두 가지 다 틀렸다. 전단지 제작과 배포의 비효율성은 익히 잘 알겠지만, 홈페이지 제작은 왜 틀렸을까? 고객이 우리 가게 홈페이지를 방문하지 않기 때문이다. 그리고 홍보성 블로그나 마케팅 업체에 의뢰한 블로그에도 한계가 있다. 고객이 감동하지 않기 때문이다. 그런 측면에서 고양시 일산서구 주엽동에 위치한 12평 족발집 '오향선'의 블로그 마케팅 사례는 시사하는 바가 크다.

일산 상권의 주엽역과 대화역 중간쯤 장촌 공원 옆 1층에는 줄서는 족발집이 있다. 재래시장의 족발집이 줄서는 것은 보았어도 아파트 상

일산 오향선의 매장 입구와 중화풍 분위기의 내부 모습. 12평 매장의 매출을 극대화할 수 있었던 가장 큰 요인은 족발 아이템 준비에 들인 정성과 블로그 마케팅이었다.

권에서 줄서는 족발집 찾기란 쉬운 일이 아니다. 오향선의 대표는 패션 업계 출신의 안현주 대표 부부다. 그들은 처음 족발 전문점 창업을 생각하면서 전국에서 유명하다는 족발집 30군데 이상을 다녔다. 그렇게 장충동 족발 스타일, 퓨전 족발, 매운 족발, 미니 족발, 냉채 족발, 프랜차이즈 브랜드 족발 등을 다양하게 경험하는 시간이 중요했다고 한다. 이후 일산 상권의 틈새 족발 아이템을 고민했고, 최종적으로는 중국 스타일의 오향 족발, 오향장육을 대표 상품으로 하는 중화풍 족발집을 오픈했다. 2007년 5월의 일이었다.

안 대표 부부는 고객의 선택 폭을 넓히기 위해 냉채 족발, 매운 족발까지 구색 메뉴로 개발했다. 중국식 샤브샤브인 훠궈火鍋도 사이드 메뉴로 추가하는 등 연구 기간만 5개월이 걸렸다. 부부에게 식도락 취미가 있었고 음식 만들기를 좋아했기 때문에 가능한 일이었는지 모른다. 가게는 1층 빈 상가를 권리금 없이 계약했다. 점포 앞에 공간이 있어서 파라솔을 놓을 수 있었고 아파트 단지 옆이라서 배달 상권으로 손색이 없다는 것 등이 장점이었다.

12평 오향선의 월 매출액은 4,000~5,000만원 선이다. 오픈 초기 2년 동안은 월 2,000만원 정도였으니, 현재는 두 배 이상 늘어난 셈이다. 매출 유형은 홀 매출 80%, 테이크아웃, 배달 대행업체를 통한 배달 매출이 나머지를 차지한다. 그런데 오픈 2년 후부터 100% 이상 폭발적인 매출 신장을 가져온 저력은 무엇일까? 다름 아닌 안현주 대표가 직접 운영하는 네이버 블로그 '족발 선생 오향선의 맛있는 이야기'(ohyangsun. co.kr) 덕분이다. 홈페이지 주소처럼 보이지만 블로그와 연동된 주소라

블로그 '족발 선생 오향선의 맛있는 이야기'에는 단순히 메뉴를 소개하고 가게를 홍보하는 차원을 넘어 읽는 재미와 다양한 정보가 있다.

고 보면 된다.

안 대표는 매일 아침 7시 전에 반드시 하나의 주제를 정해 자신이 운영하는 블로그에 내용을 포스팅한다. 음식점을 운영하기도 힘든데, 어떻게 매일같이 또 무슨 얘기를 그렇게 할 수 있을까 하고 의아해할 수도 있을 텐데, 오향선의 블로그에 들어가보면 금방 확인할 수 있다. 안 대표는 처음엔 블로그 마케팅 업체에 의뢰해보기도 했다고 한다. 하지만 효과는 크지 않았다. 결국 블로그 마케팅에 대해 공부하고, 스터디 그룹에도 따라다니다 보니까 차츰 익숙해졌다. 오향선 블로그 방문자 수는 보통 500~1,000명, 많을 때는 2천명에 육박하기도 한다. 그만큼의 고객이 오향선 블로그에 들어와 안 대표의 글을 확인하고 댓글 남기기를 반복한다는 얘기다. 그러니 번성하지 않을 이유가 없다.

오향선 블로그 메뉴는 크게 4가지로 구성되어 있다. 오향선 이야기, 쫀득쫀득 맛있는 오향선 후기, 아름다운 일산 이야기, 오시는 길 등이다. 이 외에 오향선의 건강 밥상, 주인장의 일상과 일기장까지 보여주고 있다. 일산 이야기에는 일산의 가볼 만한 곳과 맛집 같은 소소한 얘기들이 펼쳐진다. 또한 안 대표의 개인 일상과 가족 이야기, 외식 이야기 등이 보는 이로 하여금 소소한 재미를 불러일으키게 한다.

안현주 대표의 블로그 마케팅 성공 사례에서 핵심 요령 몇 가지를 정리하면 이렇다.

첫째, 힘들더라도 음식점 사장이 직접 블로그 포스팅을 하고 있다는 사실이다. 블로그는 글쓰기와 사진으로 구성돼 있다. 때문에 카카오스토리, 페이스북 같은 SNS에 익숙한 사장님들이라면 크게 문제 될 게 없다. 단지 글쓰기가 부담스럽다면 재미있는 글쓰기에 대해 따로 시간을 투자할 필요는 있다. 이때 직접 촬영한 사진들을 함께 올리면 효과는 배가된다.

둘째, 자신이 운영하는 가게 이야기만 해서는 안 된다. 다양하고 소소한 정보를 함께 서비스해야 한다. 블로그는 1인 미디어다. 고객이 관심 있어 할 만한 내용을 다양하게 소개하는 게 좋다. 음식점 사장이기에 앞서 본인 스스로 먹고, 입고, 건강하게 사는 이야기가 안 대표의 블로그에는 재미있게 소개되어 있다. 온통 족발집 얘기만 하게 되면 자칫 홍보성 블로그로 인식되면서 방문자의 발길이 소원해질 수 있다.

셋째, 매일매일 포스팅하는 것이 중요하다. 가능하면 아침 7~8시 전까지 하는 게 좋다. 하루도 빠지지 않고 부지런히 새로운 정보를 올리다 보면 자연스럽게 블로그 친구들이 늘어난다. 여기에 블로그를 운영하는 주인 역시 다른 사람들의 블로그를 열심히 드나들면서 댓글도 달아주고, 블로그 친구도 신청해야 한다. 즉 이웃 신청, 서로 이웃 신청이 필요한 것이다.

마지막으로 블로그 포스팅을 즐겁게 생각할 수 있어야 한다. 블로그 포스팅을 처음엔 숙제하듯이 하더라도 방문자 수가 늘수록 그들과 소통하는 재미가 생기게 된다. 이때부터는 자연스럽게 블로그 포스팅이 매일 밥을 먹는 것처럼 일상으로 느껴져야 하는 것이다. 오향선은 2015년 5월, 일산 웨스턴돔 상권에 2호 직영점을 오픈하는 데 성공했다. 블로그 마케팅이 낳은 놀라운 성과임에 분명하다.

가게 스토리를 만드는 방법, 삼촌은 총각

입소문은 입에서 입으로 전해지는 이야기다. 따라서 가게 홍보를 목적으로 한다면 사람들이 자연스럽게 떠올릴 수 있는 이야깃거리가 필요하다. 그것이 맛이 됐든 가게 인테리어가 됐든, 혹은 주인장이나 직원에 관한 이야기, 가게 상호도 좋은 소재가 된다. 만약에 이야깃거리가 없다면? 만들어야 한다. 대학로에 성업 중인 '삼촌은 총각'이라는 돈가스집도 그런 연유로 성공한 케이스다.

언젠가 31세 한 청년이 필자의 사무실을 찾았다. 커피 전문점을 창업하고 싶다고 했는데, 자금은 많지 않았다. 컨설턴트 입장에서 창업자의 투자 환경, 시장성, 사업 적성 등을 두루 분석해본 결과 커피 전문점보다는 식사류 아이템을 창업하는 게 낫다는 결론에 다다랐다. 자금이 넉넉지 않은 상황에서 수익성이 크지 않은 커피집을 오픈하는 것은 타당치 않다는 판단도 하나의 이유였다. 그래서 대안 아이템으로 홍대 상권의 청년 창업자 이강우 대표가 운영하는 일본 우동집 아이템을 추천했다. 맛의 차별화, 운영 관리상의 편의성, 무엇보다 청년 창업가의 장래성 측면에서 적합하다고 여겼고 그 역시 필자의 의견에 동의했다. 이후 심사숙고해 상권과 점포 찾기에 나섰고, 대학로에서 겐로쿠 우동이라는 우동집을 열게 한 것이 2011년의 일이었다.

한 번 고객은 새로운 고객이 된다. 20년 동안 비즈니스 컨설팅사를 운영해오면서 늘 느끼는 일이다. 이후 시간이 흘러 작년 가을에 그 청년

첫가락돈까스와 IZAKAYA 삼촌은총각 본점 3672■3556

삼촌은 총각 Story

삼촌은 총각입니다
삼촌은 5학년입니다
삼촌은 요리와 결혼했습니다
30년간 조리업계를 지키신
산증인입니다

삼촌은 이자까야 안주와
일본 돈까스의 달인입니다.

삼촌은 무뚝뚝합니다
그럼에도 마음은 비단결입니다
삼촌의 꿈은 술맛나는 세상입니다
삼촌요리는 술맛나는 세상을 만듭니다
근심걱정 잠시접고
술한잔 호드러지게 마셔볼까요?
내일의 일은
내일걱정하면 되니까요.

삼촌은 총각 올림

'삼촌은 총각' 상호 사인과 총각 삼촌의 모습 그리고 가게에 걸린 총각 삼촌 이야기. 대학로 마로니에 공원을 지나 기업은행 쪽에 다다르면 '삼촌은 총각'이라는 손글씨 간판을 볼 수 있다. 삼촌은 총각 가게 콘셉트는 젓가락 돈가스와 이자카야다. 식사로는 일본 돈가스, 저녁에는 술도 한잔 할 수 있는 편안한 가게다.

이 다시 사무실을 찾아왔다. 우동집은 잘 돌아가고 있고, 추가로 음식점 하나를 더 오픈하겠다는 것이다. 아이템을 돈가스로 정했다고 하길래 조리장은 정해졌는지 물었더니 외삼촌이 계신다고 했다.

그 외삼촌과 함께 잠실 신천의 어느 줄서는 이자카야에서 2차 미팅을 가졌다. 삼촌은 52세, 싱글이었다. 명동에서 줄곧 일식 돈가스집 조리장으로 근무했다고 한다. 그래서 외삼촌과 조카가 힘을 합쳐 대학로에 돈가스집을 오픈한다는 얘기였다. 나는 돈가스만으로는 쉽지 않다고 생각했다. 저녁시간대 매출을 위해서는 이자카야 콘셉트를 접목해야 할 필요성도 느꼈다. 그리고 또 한 가지 중요한 것은 이야깃거리, 즉 '상호'였다.

나는 '삼촌은 총각'이라는 상호부터 떠올렸다. 어려운 상호보다는 두 사람의 스토리를 상호로 표현한 '삼촌은 총각'이라는 브랜드 네이밍을 제안했고, 그들은 흔쾌히 동의했다. 그때부터 일사천리로 컨설팅이 진행됐다. 대학로 상권을 뒤져 동숭동 뒷골목 1층에서 커피집 하던 가게를 저렴하게 계약할 수 있었다. 인테리어 콘셉트를 정하고, 업체를 결정하고, 시설 공사에 착수하면서는 그들을 위해 간판 캘리그래피 글씨를 써주고 '삼촌은 총각' 스토리를 제작했다. 그렇게 해서 오픈한 것이 대학로 돈가스 이자카야 '삼촌은 총각'이다.

일식 아이템의 경우 숙련된 조리장을 채용해서 창업하기가 참 어렵다. 하지만 삼촌이 일식 조리장이었기에 추가 매장을 오픈하는 데 무리가 없었다고 할 수 있다. 삼촌의 요리에는 감칠맛 나는 메뉴가 많다. 그는 삼촌은 총각에서만 먹어볼 수 있는 다양한 요리를 하는 즐거움으로 산다고까지 말했다. 그리고 매장에는 '삼촌은 총각' 스토리가 걸려 있다.

50대 총각 삼촌이 요리와 결혼한 얘기는 손님들의 얼굴에 미소를 자아내게 하는 부분이다. 좋은 사람을 만나 진짜 결혼도 했으면 하고 바라는 손님들이 많다고 한다. 대학로에 갔더니 총각 삼촌이 요리를 맛깔나게 해주는 가게가 있더라, 상호는 '삼촌은 총각'이라더라. 한 번 가게를 온 손님은 언젠가 다시 이곳을 떠올리기 쉬울 것이고, 또 누군가에게 그 이야기를 전할 가능성도 높다고 할 수 있다. 즉, 입에서 입으로 가게 소문이 퍼지는 것이다. ♣

19

매출을 증대시키는
마지막 방법

;매출 증대 및
업종 전환 비결

긍정적인 생각을 가집시다.
모든 것이 가능하다고 생각하면
모든 것이 해결됩니다.
— 정주영

불황의 골이 깊다. 끝이 보이지 않는다는 목소리도 심심찮게 들리고 있다. 한 달 순이익이 100만원 벌이도 안 된다는 사장님들의 가슴 아픈 얘기도 들린다. 시간이 흐르면 조금 더 나아지겠지 하는 희망을 품기에는 당장에 더 나아진다는 기미가 보이지 않는다. 그럼에도 불구하고 경쟁업소들은 끊임없이 생겨난다. 허접한 프랜차이즈 가맹점부터 대형 자본으로 밀어붙이는 그럴싸한 브랜드 매장까지 하루가 멀다 하고 개점과 폐점을 반복하는 시대다.

이제는 자영업 경영자 입장에서 앞만 보고 달려가는 시대는 지났다고 한다. 동서남북 좌우를 살피지 않으면 하루아침에 쪽박 체험을 할 수도 있는 무서운 형국이다. 때문에 자영업 사장님들은 늘 불안할 수밖에 없다. 지금까지는 그나마 장사가 되던 가게 사장님들도 불안하긴 매한가지다. 시장에 예측 가능한 변수만 있다면 그나마 유연성과 노련함으로 제압할 수 있다. 하지만 경영을 하다 보면 전혀 예측하지 못했던 돌발 변수가 곳곳에서 발생한다. 세월호가 그렇고 메르스가 또 그렇다. 그럼에도 어려운 시대일수록 내실을 다지는 일이 필요하다. 신규 고객을 유치하는 전략도 중요하지만, 기존 고객을 지키는 전략은 더 중요하다. 그래야 살아남을 수 있으니까.

잘 팔리는 상품에 집중하라

외식 상권을 조사하다 보면 가장 많이 들리는 하소연 중 하나는 시간대별 매출 추이에 대한 얘기다. 즉, 점심 매출은 괜찮은데 저녁 매출이 오르지 않는다든지, 반대로 저녁 매출은 괜찮은데 점심 식사 매출이 받쳐주지 못한다며 울상인 사장님들을 어렵지 않게 만날 수 있다. 점심 매출과 저녁 매출이 적절하게 받쳐주면 참 좋으련만 그렇지 않은 경우가 너무 많기 때문이다.

얼마 전에도 서울의 한 칼국수 전문점을 운영하는 사장님에게서 한 통의 전화를 받았다. 칼국수집을 몇 년째 운영해오고 있다는 얘기, 사골 칼국수를 하고 있기 때문에 칼국수 맛은 정말 좋다고 자부한다는 얘기, 칼국수와 함께 나오는 겉절이 김치의 품질도 우수하다는 얘기 등등. 문제는 칼국수 역시 식사 메뉴이기 때문에 저녁 매출이 오르지 않는다며 한숨을 내리쉰다. 그래서 저녁 시간대에 제주도에서 직송한 제주 삼겹살을 추가 메뉴로 하고 있으나 생각만큼 매출이 나오지 않아서 고민이라는 내용이었다.

현장 방문을 해서 칼국수집을 둘러싼 상권 요인부터 파악했다. 배후에는 중소 사무실과 주택이 혼재된 상권이었기 때문에 점심 시간대인 11시 30분부터 오후 1시 30분까지는 안정적인 매출을 유지하고 있었다. 하지만 저녁이 되면 칼국수 가게에는 적막이 흘렀다. 벽면에 제주 직송 삼겹살 1인분 13,000원이라는 POP를 붙여놔도 매출은 도통 오르지 않는다고 했다. 이유가 뭘까?

이곳과는 반대의 케이스도 있다. 서울 테헤란로 이면 도로 오피스 상권에서 선술집형 고깃집을 운영하는 어느 사장은 저녁 시간대 술 한잔 고객들은 넘쳐나는데 점심 매출이 오르지 않는다고 하소연을 한다. 호프집을 운영하는 사장도 마찬가지다. 비싼 임대료를 내고 있음에도 불구하고 점심시간에는 고객들이 유입되지 않는다고 한다. 칼국수집의 사례와 반대되는 케이스다. 이럴 경우 고깃집 사장과 호프집 사장 입장에서는 어떤 점심 메뉴로 고객몰이를 할 수 있을지를 문의하곤 한다.

해답을 찾는 일은 어렵지 않다. 소비자 입장에서 판단하면 의외로 손쉽게 의문이 풀린다. 갈 곳이 너무 많은 소비자 입장에서 본다면 점심을 잘하는 집과 저녁에 술 한잔 하는 음식점은 다르다고 판단하는 경우가 많다. 라이프스타일이 다르기 때문이다. 따라서 고객의 소비 스타일에 맞게 판단한다면 의외로 해법이 보이는 것이다.

칼국수집, 보리밥집 등의 점심 호황, 저녁 불황 음식점의 경우는 저녁 메뉴 찾기에 혈안이 되기보다는 점심 메뉴를 보강하는 게 더 현명한 판단이다. 칼국수집에서는 저녁 매출을 위해 어울리지도 않는 신규 메뉴 찾기를 고민하기보다는 칼국수와 잘 어울리는 수제비를 추가한다든지, 칼국수 종류를 얼큰 칼국수와 담백 칼국수로 세분화하는 등의 방안을 강구해 점심 영업을 강화하는 것이 매출에는 더 도움이 된다. 충무로의 오래된 칼제비집처럼 칼제비 같은 메뉴를 추가함으로써 칼국수의 전문성을 강화하는 쪽이 타당하다는 얘기다.

반대로 점심 불황, 저녁 호황인 고깃집, 호프집 사장님 입장에서는 마찬가지로 객단가 6,000원 점심 매출을 위해, 손님 20~30명을 더 받기 위해 아침 9시부터 매장에 출근하기보다는 저녁 시간대 메뉴를 강화해서 저녁 매출을 늘리는 데 전력투구하는 게 옳다. 선택의 폭이 넓은 한국 상권의 특수성을 강화한다면, 점심과 저녁을 한곳에서 해결하기를 바라는 소비자는 많지 않기 때문이다.

매출 부진 가게의
터닝 포인트 만들기

그런데 점심 매출과 저녁 매출 사이에서 대안을 찾고 실행을 했음에도 불구하고 매출이 정상 궤도에 오르지 않는다면 근본적인 문제점을 찾을 필요가 있다. 매출 부진을 겪는 음식점들의 공통점은 부진의 원인이 한두 가지로 명확하게 정리되지 않는 경우가 많다. 즉 복합적인 문제라는 얘기다.

상권 내 주변 음식점들과의 경쟁 구도의 문제, 메뉴 구성 같은 상품 경쟁력과 가격 경쟁력 문제, 시설 및 간판의 문제, 홍보 마케팅 문제, 외부적인 악재로 인한 문제, 고객 관리, 직원 관리 같은 사람의 문제 등등 매출 부진의 원인은 결코 한두 가지가 아니다. 그렇다면 어떻게 얽히고 설킨 실타래를 풀 수 있을까?

머리가 복잡해질수록 문제 해결은 최대한 단순하게 접근하는 것이 좋다. 그중 하나가 처음부터 다시 시작하는 방법이다. 첫 단추가 잘못 꿰어진 것을 인정한다면 다시 첫 단추를 찾아서 조심스럽게 꿰어보는 것이다. 이럴 경우 나는 업종 전환을 통한 매출 증대 방법을 권하고 싶다. 결론부터 말하자면 업종 전환은 폐업보다 손실을 훨씬 줄일 수 있는 방법이기도 하다. 업종 전환까지 생각하는 경영자의 대부분은 폐업을 염두에 두고 있는 경우가 많다. 물론 안 되면 문을 닫을 수밖에 없다는 절박함이 있어야 성공적인 업종 전환의 방법도 찾을 수 있다.

문제는 어떤 방법으로 업종 전환을 할 것인가다. 업종 전환의 전제 조건부터 살펴보자. 매출 부진을 겪고 있는 가게의 공통점은 대개 재투자 비용이 넉넉하지 않다는 점이다. 업종 전환을 위해 초기 투자했던 만큼 충분한 자본을 대기가 쉽지 않다는 얘기다. 다시 말해, 최소 자본을 투자해 컬러 수정을 할 필요가 있다. 이를 위해서는 대표 메뉴 수정을 기본으로 하되, 시설은 가급적이면 이전 시설을 활용하는 방안을 찾을 수밖에 없다. 하지만 조심해야 하는 부분이 있다. 간판을 그대로 달면서 메뉴 구성만 달리하는 업종 전환 방법은 경계해야 한다. 주인 입장에서는 대표 메뉴가 수정되었기 때문에 새로운 콘셉트라고 생각할 수 있지만, 소비자 입장에서 외부 간판 수정 없이 내부 사인물 보강만으로는 예전 가게와 큰 차이를 실감할 수는 없다.

또 하나, 매출 부진을 겪고 있을 때 주의할 사항이 있다. 그 어떤 방법도 없이 폐업이 오히려 지름길인 상황도 있기 때문이다. 강남의 한 호프집의 경우 1층 40평의 월 임차료가 무려 2,000만원에 달하는 경우도 있었다. 상업 지역도 아닌 곳에서 이처럼 비싸다면 월 매출은 최소한 1억 6,000만원을 올려야 한다. 오피스 상권의 평균 영업일수가 22일이므로 하루에 700~800만원의 매출을 올려야 한다는 것이다. 40평 호프집에서 한 달 22일에 1일 영업시간 오후 5시부터 새벽 1시까지 영업해서 그 정도 매출을 올리는 일은 사실상 불가능하다. 신축 매장이라서 권리금이 없다는 것만 보고 덥석 계약했다가 수익성을 맞추지 못한 케이스다. 이런 경우라면 그 어떤 다른 음식점으로 업종 변경을 하더라도 해결책을 찾기란 쉽지 않다. 과감하게 빨리 폐업하는 게 그나마 최선인 것이다.

그렇다면 성공적인 업종 전환법은 어떻게 해야 할까?

먼저 가게의 매출 부진에 대한 정확한 원인 진단부터 해야 한다. 이때도 조심해야 할 게 있다. 최대한 객관적인 시각에서 접근해야 한다는 점이다. 자가 진단을 통해 부진의 원인을 찾는다면 최소한 주변의 목소리부터 귀담아 들어야 한다. 소비자 조사를 통해 손님들의 목소리를 청취할 필요도 있다.

둘째, 대표 상품을 바꿔야 하는 상황이라면 어떻게 바꿀 것인지를 고민해야 한다. 언젠가 매출 부진을 겪고 있는 보리밥집의 업종 전환을 위해 대표 상품이었던 보리밥 메뉴를 구색 메뉴 및 사이드 메뉴로 떨어뜨리고 삼겹보쌈을 대표 메뉴로 띄운 일이 있었다. 그 다음 절차로는 간판에 들어가는 상호를 바꿨다. 보리밥 간판을 달고 아무리 품질 좋은 삼겹보쌈을 서비스한다고 하더라도 소비자들은 장사 안 되는 보리밥집으로 인식하기 때문이다. 당시의 상호는 '개성보쌈집'이었다. 미대 시각디자인과 학생에게 눈에 띄는 간판 디자인을 주문해 천갈이 간판을 부착한 것인데, 서민층 상권임을 감안해 다소 촌스러운 디자인으로 부탁했다.

상품 구현 방법도 중요하다. 매출 부진을 겪는 음식점 사장의 입장에서는 신규 메뉴를 개발하는 게 부담일 수밖에 없다. 이때 필요한 방법으로서 앞에서 소개한 전수 창업의 형태를 이용하는 것도 바람직하다. 신규 메뉴를 제대로 구현할 수 있는 선수 사장을 찾아, 1:1 전수를 통해 가장 감동스런 상품을 잉태해내는 과정이 필요한 것이다. 1주일에 안 된다면 1개월, 1개월에 안 된다면 2~3개월이라도 시간을 투자해야 한다. 시일이 걸리더라도 그게 정석이고, 오래 가는 비결이다.

셋째, 디테일이 중요한 시대다. 외식 경영에서는 특히 디테일에 신경 쓰지 않으면 소비자는 감동하지 않는다. 어떤 디테일이 필요할까? 외부 간판을 바꾼 외에 가게 외부에서 보았을 때 완전히 새로운 가게 이미지를 만드는 것이 관건이다. 이때 소비자에게 뉴스가 될 수 있는 상징물을 만드는 데 주력할 필요가 있다.

대형 현수막이나 이동식 애드 플래그 등을 설치함으로써 우리 가게가 소비자들의 선택 우선순위에 들게 하는 것이 중요하다. 일단은 가게 안으로 소비자를 유입시킬 수 있는 모든 장치를 고민해야 한다. 현수막의 한 줄 카피에도 신경을 써야 한다. 이러한 일들은 돈이 많이 들어가는 게 아니다. 단지 주인이 어떻게든 고민해야 하고, 주인 혼자서 안 되면 주변 전문가의 도움이라도 청해서 반전의 기회를 만들어야 한다. 제대로 반전 포인트를 잡아내지 못한다면 업종 전환을 안 하는 것보다 못할 수 있다는 사실을 잊어선 안 된다.

넷째, 업종 전환하는 가게일수록 가게 주인 및 직원의 사람 경쟁력을 높이는 데 유의해야 한다. 아무리 좋은 아이템으로 변경하고, 좋은 시설과 분위기로 오픈한다고 하더라도 인력 시스템에 대한 대대적인 리폼

가게 전면에 걸린 '손님이 짜다면 짜다!'라는 문구처럼 고객 중심주의를 실감나게 보여주는 카페가 또 있을까? 한편으로는 자영업 경영자의 애달픔이 느껴지기도 한다.

없이는 반등세를 꾀하기 쉽지 않다. 주인과 직원의 웃는 표정 하나, 복장 스타일 하나에도 신경을 써야 한다. 사람이 바뀌지 않으면 서비스 개선은 이루어지지 않는다.

　마지막 포인트는 마케팅이다. 파리가 날리는 가게를 줄서는 가게로 만드는 결정타는 마케팅 포인트에서 결정되는 경우가 많다. 최근의 마케팅 패러다임은 오프라인에서 온라인 마케팅으로 빠르게 전환되고 있다. 하지만 오프라인의 무기 없는 온라인 마케팅 강화는 자칫 공허함으로 다가올 수 있다. 먼저 오프라인에서 뉴스거리를 만드는 게 중요하다. 상품 그 자체, 집기 및 시설, 주인과 직원 등등의 요소에서 이야깃거리를 만들어야 한다. 뉴스 가치를 만들어야 한다는 뜻이다. 그런 다음 이 뉴스가 인터넷, SNS를 타고 훨훨 나래를 펼칠 수 있도록 해야 한다. 또한 재오픈 이벤트는 최초 오픈 이벤트보다 화려해야 한다. 때론 자극적일 필요도 있다. 그러한 몸부림 없이 매출 부진 음식점의 터닝 포인트를 만들어낼 수는 없다. ♣

20

내가 좋아하고
잘할 수 있는 일로
승부하라

; 내게 맞는 창업 아이템 찾기

아는 사람은 좋아하는 사람만 못하고
좋아하는 사람은 즐기는 사람만 못하다.
— 공자

대박 가게를 운영하는 사장님들에게는 몇 가지 특징이 있다. 그중 하나는 가게 경영을 즐기려고 노력한다는 점이다. 속으로는 힘들지라도 적어도 겉으로는 내색하지 않는다. 그런 한편으로 겸손하기 그지없다. 뒷머리를 긁으며 늘 자신은 아는 게 없다고 말한다. 하지만 그들은 창업의 선수다. 해당 분야의 업력이 기본 10년 이상이다. 10년 이상의 업력이라면 쉬운 말로 산전, 수전, 공중전 다 겪었다고 할 수 있다. 그들을 대할 때면 저절로 고개가 숙여지는 이유다.

경험이 많다는 것은 그만큼 수많은 시행착오를 겪었다는 말과 다를 바 없다. 법조계의 가치 판단 기준이 판례이듯이, 의학계의 가치 판단 기준이 임상사례이듯이, 창업 시장의 선수들은 수많은 시행착오를 겪으며 오늘날의 자신을 만들 수 있었다.

나는 그들을 만날 때면 처음 창업 시장을 노크했던 당시의 상황을 물어보곤 한다. 그러면 다들 시행착오가 적지 않았다는 얘기부터 꺼낸다. 이것이 내게는 숱한 시행착오, 즉 실패 없는 선수는 불가능하다는 얘기로 들린다. 물론 나 역시 92년부터 이 업계에서 수많은 시행착오를 봐올 수 있었던 게 컨설팅 서비스의 밑천이라고 할 수 있다.

그런데, 한 가지 유념해야 할 게 있다. 창업의 선수들이 오랜 경험과 노하우를 지녔어도 그들은 끊임없이 시장에 대해 공부한다는 사실이다.

다만 그냥 공부하는 게 아니라 '즐기면서' 공부한다. 스스로 즐기지 않고는 결코 선수가 되지 못한다고 해도 과언이 아니다. 악으로 깡으로 사업하는 시대는 지났기 때문이다. 즐길 수 있어야만 창업자는 행복해질 수도 있다. 노동의 고단함이 삶의 재미와 보람으로 승화되는 비결이다. 창업은 그런 것이다.

좋아하는 일을 더욱 잘하는 비결, 블랙야크 안산사동점

초보 창업자들에게 당부하고 싶은 얘기가 있다. 내가 좋아하는 일로 창업을 기획해 보라는 것이다. 아직 좋아하는 일이 무엇인지 모른다면 나 홀로 여행이라도 떠나야 한다. 그런 뜻에서 재미있는 사례를 하나 소개한다. 안산에서 아웃도어 매장을 운영하는 이현종 대표의 얘기다.

이현종 대표는 회사를 그만두고 창업을 마음먹었지만, 무슨 사업을 하면 좋을지 몰랐다. 도통 생각을 정리할 수가 없었다. 그래서 훌쩍 길을 떠났다. 집이 있는 경기도 안산을 떠나 전라도 해남 땅끝마을까지 차편으로 내려갔다. 그리고 돌아올 때는 땅끝마을에서 경기도 안산 집까지 무려 8박9일 동안 도보 여행을 했다. 그렇게 9일 동안 걸으면서 무슨 생각을 했을까?

그는 자신이 누구인지에 대한 생각부터 정리했다고 한다. 나는 누구이고, 내가 진짜 좋아하는 일은 무엇인지를 말이다. 이현종 대표는 총각 시절부터 등산을 좋아했다. 그래서 산에서 만난 인연과 결혼도 했다고 한다. 이런 식으로 자기 생각을 들여다보고 이어나가자 안산에 다다를 즈음에 결론을 찾을 수 있었다. 그는 등산 관련 사업을 해야겠다고 결심을 굳힐 수 있었다.

가장 먼저 떠오르는 사업 아이템은 유명한 K모 브랜드였다. 쇠뿔도 단김에 빼렸다고 본사를 찾았더니 투자 금액이 얼마나 있느냐는 질문이 날아왔다. 1~2억원 정도라고 대답했다. 그러자 본사 담당자는 자기네 브랜드 매장을 오픈하기에는 턱없이 부족한 금액이라는 말만 되풀이했다. 이쯤 되면 대개는 낙담하고 말지도 모를 일이다.

하지만 이현종 대표는 포기하지 않고 2등 브랜드들을 살폈다. 그래서 발견한 것이 블랙야크라는 브랜드였다. 그는 한 번 당한 기억이 있어서 무작정 본사를 찾지는 않았다. 대신 사업계획서를 정리하기 시작했다. 먼저, 안산 상권에 출점해 있는 아웃도어 브랜드들의 점포 수부터 파악했다. 아웃도어 매장의 핵심 고객이 누구인지도 조사했다. 핵심 수요층은 산악회 회원이라는 판단에, 안산의 수십 개 산악회 중에서 아내와 함께 몇 군데 산악회에 가입해 직접 고객과 소통하겠다는 내용도 사업계획서에 담았다. 후보 점포도 직접 물색했다. 안산 사동을 주목하고는, 경쟁 브랜드 점포들의 1일 내점 고객수도 체크하고, 객단가를 가늠해 예상 수익성도 따져봤다.

이현종 대표는 이 모든 것들을 정리해 사업계획서에 꼼꼼하게 기재한 다음에 블랙야크 본사를 방문했다. 자사 브랜드 출점을 위해 이렇게

까지 노력하는 예비 창업자에게 본사의 태도는 어땠을까? 거의 원가로 오픈해주겠다는 응답이 돌아왔다. 그래서 오픈한 가게가 바로 블랙야크 안산 사동점이다.

작년 어느 날 그로부터 카톡 문자가 왔다. 돈이 없어서 처음에는 작게 오픈했는데, 더 큰 가게를 구해 이전 확장을 했다는 내용이었다. 자신이 가장 좋아하는 일을 선택하고, 혼신의 힘을 다해 매장을 이끌었으니 그의 성공은 어쩌면 당연한 일인지도 모른다.

성공 창업자들을 만나면 일과 결혼한 듯한 착각이 들 때가 있다. 너무 일에만 매진하고 있기 때문이다. 하지만 일할 때는 열정적으로 일해도 즐길 때는 남들이 부러워할 만큼 즐기면서 사는 창업자들이 적지 않다. 그 비결은 뭘까?

그들은 첫 단추부터 제대로 꿰었다. 단순히 돈을 많이 벌 것 같은 아이템이 아니라, 자신이 좋아하고 빠져들 수 있는 아이템을 선택했던 게 나름의 비결인 것이다. 이는 고객 서비스 측면에서도 시사하는 바가 크다. 자신이 좋아하는 일을 하는 사람은 늘 즐겁고, 직원이나 고객들에게도 그런 모습을 내비치게 된다. 즐겁게 열심히 일하는 모습이 곧 고객 만족도를 높이는 도구가 되는 것이다. 그들은 고객 앞에 서면 일이 너무 즐겁다고 너스레를 떨기도 한다. 하물며 즐겁지 않으면 즐거운 척이라도 한다. 그래야만 버틸 수 있다고 믿는 것이고, 그래서 정말 일이 즐거워지기도 하는 것이다.

다시 한 번 말하지만, 첫 단추가 중요하다. 내가 좋아하면서, 사업성과 시장 눈높이에도 크게 뒤떨어지지 않을 첫 단추를 찾아야 한다. 그리고 이후에는 해당 아이템의 성과 창출을 위해 전력투구를 아끼지 말아야 한다. 최소한 10년의 로드맵을 그리면서 말이다. 이렇게까지 했는데, 오랜 세월 아무것도 이루지 못한 창업자를 나는 알지 못한다.

그렇게 나름의 목표를 이루었다면 이후부터는 내 몸을 돌볼 줄도 알아야 한다. 이것이야말로 진정 행복한 자영업 경영자의 모습이 아닐까. 서울 천호동에서 '이수연 플라워숍'을 운영하는 이수연 대표도 그런 케이스다. 꽃집의 선수 창업자로서, 매장을 몇 개 운영하며 충분한 성과를 내고 있다. 동시에 그는 요트 마니아다. 요트 선수대회에도 출전하고, 주말에는 어김없이 한강에 나가 요트에 누워 한가로이 서울 하늘을 쳐다본다고 한다. 가장 행복한 시간이라고 자랑한다. 행복한 창업 인생은 바로 이런 게 아닐까 하는 생각이 든다.

두 총각의 행복한 창업 공간, 수입차 튜닝업체 오파츠

이어서 소개하는 사례도 자기가 좋아하는 일에 열정으로 똘똘 뭉쳐서 자리를 잡은 사람들 이야기다. 성남시 복정동에서 수입차 튜닝 숍을 동업으로 운영하고 있는 김정수 대표와 정용기 대표가 바로 주인공이다.

자동차 튜닝 산업은 정부 차원에서 신규 사업으로 선정하고 있는

데, 그 틈새 아이템으로서 김정수 대표는 자기가 좋아하는 자동차, 그중에서도 수입차에 주목했다. 그는 올해 35세로 IT 관련 회사에서 8년 동안 직장인으로 일했다. 이후 동일 업종에서 회사를 만들기도 했으나, 큰 재미를 보지는 못하던 차에 수입자동차 튜닝 쪽으로 방향을 잡은 것이다. 이전부터 자동차를 좋아했었고, 2010년 이후 3,000~4,000만원대 외제 차량이 봇물처럼 쏟아지는 것을 목격한 터였다. 수입차는 편의사양이 줄어든 차량이 많았기 때문에 튜닝 시장에 접목이 가능하다고 생각한 것이었다.

그는 튜닝 기술부터 도제 방식으로 습득했다. 선배가 운영하는 튜닝 숍에서 1년 넘게 일하면서 실습 기간을 거친 것이다. 그러고 나서 2012년에 동대문구 답십리에 1차로 튜닝 숍을 열었고, 2013년에는 외제차 수요층의 접근성이 용이하고 주차 편의성이 높은 성남시 복정동에 '오파츠'라는 브랜드로 확장 오픈하게 되었다. 오파츠는 자동차 부품을 뜻하는 영단어 파츠parts에 감탄사 '오'를 넣어서 정한 상호다.

튜닝 숍 시장은 크게 국산 자동차 튜닝과 수입차 튜닝으로 나뉘는데, 김 대표의 분야는 수입차 전장 튜닝 쪽이다. 국산차 튜닝 수요가 훨씬 풍부하지만 그만큼 경쟁이 치열한 반면, 수입차 튜닝은 부품 수입 등의 문제가 있어서 그다지 치열하지 않다고 한다. 이를 소비자 측면에서 보자면, 나만의 스타일의 차를 갖고 싶어 하는 외제차 차주들이 늘고 있는 한편으로 튜닝이 여의치 않은 경우가 많다. 게다가 제조사 서비스센터에 의뢰하면 비용이 터무니없이 비싼 경우도 많다. 이런 사람들이 모두 오파츠의 고객이 되는 것이다.

외제차 튜닝업체 오파츠를 이끌어가는 김정수 대표와 정용기 대표. 이들의 경쟁력은, 자신이 좋아하는 일을 사업 아이템으로 살리고 나름의 전문성을 갖췄다는 데 있다.

손님들의 차종은 주로 폭스바겐, BMW, 아우디, 포르쉐 등이다. 튜닝은 외부와 내부로 나눠 시공하는데, 외부 튜닝은 전조등의 눈물 라이트, 스포일러, LED 테일 램프, 사이드미러 광각렌즈 시공 등을 주로 한다. 내부 튜닝은 업그레이드 핸들인 디컷 핸들, 내비게이션이나 블랙박스 시공, 블루투스, 후방 카메라 장착, 인테리어 소재 변경 등이다. 비용은 적게는 5만원, 많게는 150만원에 달한다고 하는데, 엔진 성능 개량이나 정비는 취급하지 않는다.

그가 오파츠를 여는 데 비용은 얼마나 들었을까? 복정동 1층 27평 매장과 지하창고 15평 매장을 임대하는 데 보증금 1,000만원에 월 임차료 170만원이다. 그리고 매장 인테리어 비용과 초도 부품 비용을 합해 대략 5,000~6,000만원이 들었다고 한다.

그렇다면 오파츠의 수익성은? 신차 출고가 적은 연말이 비수기라서 달마다 차이가 있는 편인데, 대략 월 2,000~3,000만원의 매출을 기록하고 있다. 여기에 부품 원가비율 30~40%와 임차료, 운영 관리비를 제외한 두 사람의 순이익률은 30~40%로 비교적 높은 편이다. 투자 금액이 많지 않아도 되는 한편으로, 기술형 창업이 갖는 매력이 바로 높은 순이익률인 것이다.

오파츠에서는 고객이 원하는 맞춤형 서비스도 가능하다고 한다. 이를테면 국내에서 구하기 힘든 부품은 직접 해외 판매 라인과 연계해 부품을 들여와 시공해준다. 이 업무는 영어에 능통한 총각 파트너 정용기 씨의 몫이다. 직수입을 통해 유통 마진을 최소화함으로써 저렴한 비용으로 시공할 수 있는 체계를 갖춘 것이다. 그리고 신차가 계속 들어오는 만큼 튜닝업체에서는 튜닝 포인트가 많은 차량들을 수시로 파악하는 게 중요하다고 정 대표는 말한다.

동업으로 운영하는 매장에서 가장 중요한 것은 두 사람의 역할 배분이다. 김정수 대표와 정용기 대표는 동업으로 오픈했지만 역할은 뚜렷이 구분하고 있다. 김 대표는 다년간의 수입차 튜닝 전문가로서 기술 연마와 시공에 집중한다. 동시에 파트너인 정 대표는 부품 수입 업무와 온라인 마케팅 부분을 전적으로 담당한다. 각자 자신의 장점을 살린 역할 배분이 오파츠를 안정적으로 이끌어가는 원동력이 되는 것이다.

김 대표와 정 대표는 요즘 너무 행복하다. 그 옛날 직장 생활을 하며 불안한 미래에 대해 고민하던 시절에 비하면 천국 같다고도 말한다. 무엇보다 취미가 밥벌이가 된 것에 그들은 너무 만족해한다. ♣

21

장사도
자기 철학이
있어야 한다

;사장의 경영마인드가
중요한 이유

경영자가 자아실현을 하기 위한 도구는
자기 회사밖에 없다.
— 호리바 마사오(일본 벤처업계 대부)

창업을 한다는 것은 참 어려운 일이다. 하지만 어렵다는 말은 그만큼 기회 요인도 많음을 뜻한다. 어려움 앞에서 멈추고 마는 사람이 있는가 하면, 어려움을 극복하고 성공에 이르는 사람으로 나뉠 뿐이다. 숱한 어려움이 있는 만큼 남다른 내공을 갖추지 못한 창업자라면 사실 버텨내기 힘들 수도 있다. 그런 이유로 상권 현장에서 성공 창업자들을 만날 때면 그들만의 가치관, 혹은 철학에 주목하게 된다.

철학이라는 단어가 거창하게 느껴질지도 모르겠다. 철학은 철학자 정도 되는 사람들이 논해야 되는 게 아니냐고 반문하는 사람들도 있을 수 있다. 하지만 철학은 그저 생각의 틀일 뿐, 여기에는 세상의 그 어떤 삶도 해당이 된다. '생각' 없이 살아서는 안 되고, 그렇게 살 수도 없기 때문이다. 그런 의미에서 내가 왜 사업을 해야 하고, 어떻게 사업해야 하는지에 대한 물음 또한 창업자의 철학으로 볼 수 있다.

비즈니스 컨설턴트로 나서기 전, 나 역시 한때는 창업자로 살아본 기간이 있다. 당시 가게를 운영하면서 많은 생각을 했던 기억이 새롭다. 오피스 상권에서 고급 일식집을 운영하면서는 자영업의 소비자 가치에 대해 고민하던 기억도 생생하다. 점심식사와 저녁의 술 한잔 공간의 만족도를 높이기 위해 참 다양한 아이디어를 쥐어짜며 일했다.

당시에는 '고객보다 못난 주인이 되자'라며 스스로를 다독이곤 했다. 손님보다 못나 보이는 주인이 되어야만 고객이 편안해할 수 있다고 여겼기 때문이다. 바쁜 점심시간대에 검은색 고급 승용차를 몰고 와서 5,000원짜리 알밥 하나 시켜놓고 4인 테이블을 홀로 차지하는 고객도 있었다. 가게 회전율을 생각한다면 빨리 드시게 하고 내보내야 하지만, 그럴 수 있는 상황은 아니었다. 오히려 그 손님이 나갈 때 고급 승용차 뒤꽁무니에 대고 90도로 인사를 했던 기억도 있다. 그래야만 행여 룸 미러로 내 모습을 보고 훗날 저녁에 몇 만원짜리 매상을 올리는 고객으로 변신할지도 모를 일이기 때문이다.

내 자랑을 하자는 이야기가 아니다. 사람들을 상대로 무언가를 팔려고 하는 자는 자기 나름의 생각의 방향과 중심이 있어야 한다는 의미다. 그렇게 발버둥치지 않고서는 도저히 앞서 나갈 수 없는 곳이 바로 자영업 세계다.

또 한 가지 꼭 유념했으면 하는 게 있다. 모든 장사는 결국 사람 장사다. 가게 주인장이든 직원이든 고객이든, 사람과 사람이 어울려 성과를 내는 법이다. 따라서 그 같은 사람 관리, 즉 고객 관리와 직원 관리가 만사의 기본이다. 사람들은 추구하는 컬러가 제각각이다. 저마다의 삶의 지향점과 라이프스타일도 다르다. 그럼에도 주인 입장에서는 그러한 천태만상의 사람들을 포용할 수 있어야 한다. 나는 이것을 사람에 대한 사랑으로 이해한다. 경천애인, 홍익인간 같은 거창한 가르침을 들먹이지 않아도, 사장이 되려는 사람들은 사람에 대한 강한 애정이 있어야 한다. 또한 사람 만나기를 좋아해야 한다. 하다못해 좋아하는 척이라도 할 수 있어야 한다.

무릇 장사를 하려면 고객들의 다양한 취향을 다 담아낼 큰 그릇이 있어야 한다고 선수 창업자들은 흔히 말한다. 손님이 갑이고, 손님이 왕인 세상이다. 자영업 경쟁이 치열할수록 소비자들의 콧대는 나날이 높아질 수밖에 없다. 사장은 그런 고객마저도 사랑하도록 스스로를 다잡을 수 있어야 한다.

고객 사랑의 첫걸음은 배려라고 할 수 있다. 고객의 마음 읽기를 생활화해야 한다. 그 결과 어느새 애프터서비스가 아닌 비포before 서비스가 체득화되고, 소비자 감동의 조건이 갖춰지는 것이다. 고객의 그 같은 눈높이를 맞출 자신이 없다면 감히 말하건대 자영업의 전장에 뛰어들지 않는 게 나을지도 모른다.

그리고 사장의 철학은 상품을 통해서도 발현되어야 한다. 예컨대, 음식점을 경영하며 건강 철학을 실천하는 분들이 적지 않다. 내 가족의 건강을 염려하듯이, 고객의 몸과 건강을 챙기려는 마인드의 경영자들이다. 즉, 나와 내 가족이 먹는 식단을 내놓는 마음가짐으로 음식을 조리하고 서비스하는 것이다. 여기에 고객은 단순히 돈을 지불하는 그 이상의 감동을 느끼게 마련이다. 정성이 가득 담긴 건강 음식, 이 또한 고객 사랑 마인드가 바탕에 있어야 됨은 물론이다.

이보다 더 정성을 담을 수는 없다,
분당 고미국수

비즈니스 컨설턴트로서 20년 넘게 살아오다보니 맛있는 음식점 찾기가 일상이 되어버린 지 오래다. 물론 맛있다는 기준이 애매하고 매우 주관적이기 쉽지만, 그런 사족이 필요 없는 음식점도 도처에 있다. 열 명 중 아홉은 엄지손가락을 치켜세우고, 음식을 먹고 나면 기분마저 좋아지는 음식점이라면 충분히 그럴 자격이 있지 않을까? 분당의 고미국수도 바로 그런 집에 속한다.

고미古味국수는 분당 서현 시범단지 상권에 있다. 분당 서현 상권은 신도시 분당의 랜드마크 상권에 속한다. 수내 정자 상권이 커지면서 옛 명성만큼은 못하지만 그래도 분당을 대표하는 상권임에는 분명하다. 분당 시범단지가 조성된 것이 1991년 무렵이니 우리나라 신도시 상권의 역사도 깊어지고 있음을 실감한다. 그 시범단지 상권 서현 파크프라자 1층에 고미국수가 있다.

'고미국수와 고미찌개'라고 적힌 간판은 약간 촌스럽다. 하지만 정직해 보인다고 하는 게 더 정확한 표현일 것 같다. 누가 보더라도 우직하게 열심히 하는 독립점 형태의 국수집이다. 고미찌개가 추가된 데에서 동절기를 포기할 수 없는 사장의 고민이 읽히기도 한다.

20평이 안 되는 작은 음식점에 들어서자 오렌지 컬러의 유니폼을 입은 직원들과 화이트 컬러의 옷을 입은 김대현 사장이 한눈에 들어온다. 사장과 직원의 의상은 같은 게 좋을까, 다른 게 좋을까? 손님 입장에서는 사장이 누구인지 알아볼 수 있는 차이를 두는 게 정답일 것 같다.

주방이 보이는 상단에는 남토북수南土北水의 콩을 사용한다는 인증 액자가 걸려 있다. 북쪽에서 흘러오는 맑은 물을 이용해 남쪽 청정지역 연천 땅에서 농사지은 명품 콩만을 사용한다는 인증서이다. 웬만해서는 믿지 못하는 요즘 세상에서 증거를 보여주는 일은 참 좋은 시도다.

고미국수 김대현 대표가 신조로 삼고 있는 운영 철학의 첫 번째는, 화학조미료 없어도 맛있는 국수를 만들 수 있다는 신념이다. 여름철 별미 중 하나는 콩국수라고 할 수 있는데, 믹서를 거부하고 맷돌로 직접 갈아 만든 콩물을 사용한 '김대현표 콩국수'를 알리는 POP가 눈길을 끈다. 이 같은 뚝심이 차츰 성과로 이어진 것은 물론이다.

처음부터 손님이 줄을 서지는 않았다고 한다. 하지만 1년이 지나고, 3년, 5년, 7년이 지나면서 줄을 서서 기다리는 고객이 늘어났다. 실내 안내판에는 고미국수의 스토리와 음식에 대한 자신감이 하나하나 기록돼 있다. 바로 김 대표의 운영 철학에 다름 아니다. 좋은 음식을 먹으려면 그 정도는 기다려주는 게 음식과 그 음식을 만드는 사람에 대한 예의일 수 있다는 생각이 든다.

낮 영업시간 때의 김 대표의 포지션은 홀이다. 그는 늘 바쁜 표정이 역력하다. 하지만 초보 창업자처럼 허둥대지는 않는다. 그리고 저녁시간, 새벽시간 때의 포지션은 주방이다. 사장인 동시에 고미국수의 맛을 직접 만들어내는 핵심 주방장이기도 하기 때문이다. 프랜차이즈 가맹점 사장과는 일상의 패러다임이 다른 게 분명하다. 메뉴를 주문하기가 무섭게 바로 밑반찬이 테이블에 깔린다. 정갈한 국산 배추김치에 오이지,

이토록 예쁜 딸이 먹는 국수를 아무렇게나 만들 아빠가 세상에 있을까? 고미국수에는 김대현 대표의 귀여운 딸 사진이 홍보 콘셉트로 여기저 기에 부착되어 있다.

노란 무, 깍두기, 어묵 뽁음까지 국수집치고는 밑반찬 수가 많은 편이다. 소박한 듯 정성이 깃든 아날로그 반찬 그 자체의 모양새다.

김대현 사장은 올해 마흔을 넘긴 평범한 가장이다. 국수집을 연 이래 7년이 넘도록 휴일을 제외하고는 어김없이 새벽에 나와서 육수를 만든다고 한다. 확고한 신념 없이는 불가능한 일이다. 1박 2일로 워크숍을 가는 날에도 새벽에 육수 만드는 일만큼은 빠뜨리지 않았다고 한다. 그렇게 그는 고미국수에 가장 먼저 출근하고, 가장 늦게 퇴근한다. 그처럼 몸은 힘들어도 마음만은 늘 뿌듯하다.

그가 열심히 일하는 데에는 가족의 힘도 크다. 고미국수를 나서는데 창문 선팅에 해맑은 아이의 미소가 보인다. 고미국수 대표 모델인 김 대표의 예쁜 딸이다. 고미국수는 올해 시즌 2 분위기로 간판을 바꿔 달았다. 새 상호는 '고미고미'이다. 슬로건도 다시 내걸었다. '건강한 밥집 찾다가 열 받아서 우리 아빠가 직접 차린 집'이다. 딸이 말하는 것 같은 카피가 참 신선하다.

사랑하는 이에게 소박한 밥 한상, 대전 다솜차반

북새통을 이루는 음식점에 가보면 몇 가지 특징이 있다. 그중 하나는 사람이 대접받는 느낌을 준다는 점이다. 서비스로 대접하고, 맛으로 대접하고, 또 음식 그 자체로도 사람을 대접한다.

2000년 밀레니엄 시대로 접어들면서 삶의 가치로 급부상한 소비 트렌드가 있다. 바로 웰빙이다. 이른바 참살이 트렌드는 단순히 식생활을 넘어 우리나라 사람들의 중요한 삶의 가치로 자리 잡았다. 맛이 좋은 것은 물론 몸에 좋은 음식을 찾는 사람들이 빠르게 늘어난 것이다. 이 같은 트렌드에 힘입어 줄서는 가게로 발돋음한 곳들이 더러 있다. 바로 대전 방동 저수지 옆 전원 음식점 '다솜차반'처럼 말이다.

다솜차반에 가면 가게 주인인 방근영 대표의 예사롭지 않은 풍모에 빠져들게 된다. 그는 원래 패션업계 전문가였다. 패션계 출신이 어떻게 음식점을 경영하게 되었을까? 방 대표 자신의 몸을 치유하게 된 것이 계기가 되었다고 한다. 건강 밥상을 통해 몸의 이상 징후를 치유하고, 이제는 그 음식을 세상 사람들과 나누게 된 것이다.

방근영 대표는 늘 미소를 가득 안고 산다. 모습만큼은 세상의 근심걱정이 없어 보이는 사람 같다. 하지만 근심 없는 사람이 어디 있으랴. 방대표 역시 건강을 돌봐야 하는 한편으로, 음식점을 직접 운영하면서 갖가지 어려움을 겪을 수밖에 없었다. 그럼에도 여기까지 올 수 있었던 것은 음식으로 자신의 몸을 추스르게 되었듯이 소비자를 위해 가장 건강한 밥상을 서비스하고 싶다는 마음이 있었기에 가능했다. 바로 그의 음식 철학이다.

그 같은 철학은 직원들에게도 그대로 스며든 듯하다. 다솜차반의 직원들은 하나같이 방근영 대표의 팬클럽이자 분신에 가깝다. 방 대표가 빚어내는 웰빙 푸드, 발효 과학의 신봉자들이기도 하다. 개중에는 훗날 다솜차반의 분점을 내고자 하는 꿈을 가진 이도 있다.

　방 대표의 웰빙 코드는 단순히 혀끝을 만족시켜주는 것에 머무르지 않고, 사람들이 어떻게 음식으로 행복해질 수 있는지에 초점을 맞추고 있다. 그가 건강 밥상의 첫 번째 발원지로 방동 상권을 선택한 데는 이유가 있다. 사실 건강 밥상은 산속에 가까울수록 더 건강한 법이다. 하지만 깊은 산속은 고객의 접근성에 문제가 있다. 그래서 서대전과 계룡시의 중간 지점인 방동을 선택했다고 한다.

　다솜차반에 가면 고즈넉한 시골 풍경에 어우러진 단층 음식점 풍광이 고향집을 방문하는 듯한 느낌을 준다. 하지만 다솜차반 이전에는 고깃집을 하다가 실패한 음식점이었다고 한다. 여기에 방 대표는 사랑의 순우리말인 '다솜'에 잘 차려진 밥상이라는 뜻의 '차반', 즉 사랑스런 건강 밥상이라는 뜻을 담아 '다솜차반'이라는 이름을 짓고, 실내도 아날로그 향취가 가득한 음식점을 만들었다. 가게 사립문 입구에 들어서면 '사랑하는 이에게 소박한 밥 한상'이라는 카피부터가 찾는 이의 마음을 편안하게 해준다.

　웰빙 음식점의 무기는 역시 웰빙 푸드에 있다. 주요 메뉴는 만원 한 장 점심 정식부터 다솜 호박밥 오리 훈제 정식 1만 3,000원, 1만 5,000원짜리 건강 맛 정식과 삼합 정식, 홍어 정식, 그리고 다솜 오미 특정식 2만원이 주력 메뉴다. 인근 주부들에게 가장 인기 있는 메뉴는 점심 때 두 시간만 서비스하는 1만원 정식이다. 1만원짜리 점심을 먹고 나면 웬만한 한정식집의 2만원짜리보다 낫다는 의견이 많을 정도다. 다솜차반을 찾는 고객들의 반응은 보기에 좋고 맛도 좋으면서, 몸에도 좋은 건강

해맑은 미소를 짓고 있는 다솜차반 방근영 대표. '인간의 가장 위대한 문화는 밥상'이라고 말하는 그는 가장 한국적이면서도 건강한 밥상을 구현하고자 늘 애쓰고 있다.

밥상이 가격 또한 부담스럽지 않다는 게 일반적이다.

다솜차반에서 처음 일하는 찬모들은 고개를 갸웃거린다고 한다. 화학조미료를 일절 사용하지 않고도 맛을 낼 수 있다는 점 때문이다. 화학조미료 대신 사용하는 조미료의 비밀은 발효 효소에 있다. 효소는 소화력을 촉진시킬 뿐만 아니라 아날로그 푸드의 결정체라고 할 수 있다. 방 대표는 효소를 이용한 건강 밥상 만들기에 주력하면서 설탕을 사용하지 않는 발효 기술로 특허까지 출원했다. 그 발효 기술을 통해 맛깔스런 샐러드 소스나 갖은 양념 맛을 만들어내는 것이다.

게다가 다솜차반에서는 아주 특별한 약술이 애주가들의 군침을 돌게 한다. 방 대표의 어머니께서 직접 빚으신 솔잎동동주와 효소를 첨가해 만든 천마금미주는 일품이 아닐 수 없다. 여느 음식점에서 맛볼 수 있는 평범한 술이 아니라는 점, 어머니의 스토리가 있으면서 건강에 좋고 운치도 있는 이 술들은 다솜차반을 기억하게 하는 매력 포인트 중 하나다.

그런데 이렇게 좋은 밥상을 내놓으려면 수익성에는 문제가 없을까? 다솜차반의 전체 매출액 중 40%는 식재료 원가에 들어간다. 양질의 원재료와 아날로그 푸드를 구현하는 만큼 원가 부담이 클 수밖에 없다. 하지만 원가 부담은 손님이 줄을 서는 정도라면 충분히 해결되고 남는다. 1인당 객단가는 15,000원 이상, 1일 내점고객은 200~300명에 달한다. 어림잡아 보더라도 대략의 수익성을 가늠할 수 있다.

방근영 대표는 궁극적으로 모든 사람들에게 건강한 밥상, 힐링 밥상(치유 밥상)의 전형을 구현하는 게 목표라고 한다. 좋은 밥상만 마주해도

메인 요리가 나오기 전의 상차림. 유자 드레싱 샐러드, 고구마와 흑임자 드레싱 샐러드, 소스를
얹은 마 조각, 감칠맛 나는 돼지갈비에 곡물 빵 등등이 먹음직스럽게 놓여 있다.

병은 저절로 치유된다는 지론이다. 그에게는 밥상이 곧 의사인 것이다. 또한 여기에는 우리 것이 가장 소중하다는 가치도 담겨 있다. 우리 땅에서 나는 건강한 재료를 이용해 가장 한국적인 음식 문화를 만들어내겠다는 포부인 것이다. 그는 이렇게 말한다.

"주인이 어떤 의식을 갖고 음식점을 운영하는지가 중요합니다. 우리 것에 대한 소중함을 바르게 알고, 음식을 통해 그 가치를 드러내는 일이 음식점 운영자들의 또 하나의 몫이라고 생각합니다."

음식점 운영을 통한 돈벌이도 중요하지만, 우리의 식문화와 건강 문화를 리드해가려는 방 대표의 노력에 찬사를 보내고 싶다. 이 또한 분명한 자기 철학이 있었기에 가능하지 않았을까? 방근영 대표의 유연한 컬러, 늘 웃음을 잃지 않는 흐뭇한 표정 속에서 나는 그것을 보았다. 음식 장사에도 철학이 필요한 이유다. ♣

성공 창업을 위한 체크리스트 50

■ 창업 전

01 나는 무엇을 좋아하고, 어떤 것을 잘할 수 있을까? 또 이것을 사업으로 연결할 경우 무엇이 바람직할까?

02 아이템에 대한 시장 흐름, 경쟁력 및 수익성 분석은 철저히 하였는가?

03 창업 자금은 시설비, 인테리어, 운영비, 인건비 등의 항목으로 세분화해 계획했으며, 자기자본 비중은 적절한가?

04 가게 상호는 창업 목적, 호감도, 차별화, 주목도 등을 고려해 지었는가?

05 상권 입지 선정을 위해 유사 상권을 중심으로 10군데 이상 상권 탐색을 했는가?

06 가게 입지 경쟁력의 판단 요소인 가시성, 편의성, 고객 접근성, 경제성 등을 고려했는가?

07 아이템을 결정하기 전에 동일 아이템을 운영하는 기존 사장님들을 최소

5명 이상 만나보았는가?

08 창업 예정 아이템과 관련해 해당 점포에서 최소 3개월 이상 현장 경험을 쌓았는가?

09 아이템과 점포 결정을 위해 경쟁업소의 투자 금액 및 수익성을 파악하였는가?

10 경쟁 매장의 상품과 비교해 충분한 경쟁력을 확보하였는가?

11 비즈니스 모델의 핵심 가치를 습득하기 위한 최소한의 시간과 노력을 투자했는가?

12 조직형 스타일, 주부형 스타일에서 벗어나 창업형 스타일로 변신하기 위한 노력을 기울이고 있는가?

13 성공 창업을 위해 창업 관련 도서를 최소 5권 이상 독파했는가?

14 매장의 인허가 문제는 없는가?

15 소상공인지원제도의 자금 지원, 창업자 교육 내용은 확인하였는가?

16 창업 실행을 위한 비즈니스 로드맵은 충실히 작성하고 있는가?

17 사업계획서는 작성하였는가? 시장 분석과 투자 비용, 수익성, 위험요인 분석 등을 모두 기재하였는가?

18 상권에서 실패한 가게들의 면면을 충분히 살폈으며, 실패 원인을 구체적으로 분석해 보았는가?

19 간판 디자인은 가독성이 뛰어나고 기억하기 쉬운가? 또 고객에게 친근하게 다가가는가?

20 인테리어업체는 해당 업종의 유경험업체인가? 디자인과 시설 편의성, 마감재, 조명, 외부 사인 등을 모두 확인하였는가?

21 창업 성공은 혼자서는 한계가 있다. 창업자의 분신 격인 직원이나 파트너

는 결정했는가?

22 인터넷 및 SNS 역량 강화를 위한 기본적인 교육 및 준비는 하고 있는가?

23 고객 친화력을 갖추었는가? 평소 동네 사람들을 만나면 내가 먼저 고개
숙이며 인사하는가?

24 가족이 공감하지 않는다면 소비자 또한 마찬가지다. 창업에 대해 내 가족
은 공감해 주는가?

25 나는 왜 이 가게를 운영하는가? 나의 장사 철학은 무엇인가?

▪ 창업 후

26 사장으로서 내 가게 상품의 품질에 대해 자부하는가?

27 매일매일 거울을 볼 때 나의 표정에서 미소를 읽을 수 있는가?

28 입소문이 날 그 '무엇'(상품 혹은 서비스 이슈거리)이 우리 가게에는 있는가?

29 우리 가게의 상품 및 서비스는 고객 눈높이에 맞는가? 또 고객의 라이프
스타일에 크게 벗어나지는 않는가?

30 매장 내 상품 홍보 및 안내, 캐치프레이즈는 적절히 배치하였는가?

31 고객 입장에서 주력 상품과 부가 상품의 구색 및 가격은 적절한가?

32 가게의 외장 경쟁력은 고객의 호기심을 자극하기에 충분한가?

33 우리 가게의 플러스알파 서비스는 무엇인가?

34 고객의 재방문률과 객단가는 동일업종 평균치를 넘는가?

35 고객 리스트를 체계적으로 관리하고 있는가?

36 재방문 고객과 3회 이상 방문 고객군을 분류해 단골 고객 명단을 따로 관

리하고 있는가?

37 네이버에서 '○○ 맛집'처럼 지역명으로 검색했을 경우, 우리 가게가 첫 페이지에 노출되는가?

38 가게 홍보를 위한 블로그 활동은 사장이 직접 하고 있는가?

39 SNS 홍보를 위한 페이스북, 카카오스토리, 트위터 등의 툴을 활용하고 있는가?

40 지상파 방송 등 각종 언론 매체에 우리 가게가 소개된 적이 있는가?

41 가게의 구매 가치를 높일 스토리텔링을 마련하였으며, 이것이 고객에게 노출되고 있는가?

42 개업 1개월, 3개월, 6개월 시점마다 고객 대상 소비자 만족도 조사를 하고 있는가?

43 포스 데이터를 통해 재고 관리법인 ABC 분석을 하고, 매출이 부진한 메뉴에 대한 조정 및 개선 작업을 하고 있는가?

44 직원들은 자기 업무에 대해 충분히 즐거워하고, 책임을 질 줄 아는가?

45 직원들의 근무 만족도를 위한 회식은 정기적으로 이뤄지고 있는가?

46 고객 접대 및 불만 고객에 대처할 수 있는 운영 매뉴얼이 있는가?

47 부가세 통장을 별도 관리하는 등 세무 관리에는 허점이 없는가?

48 계절별 신상품 개발을 위한 프로그램은 가동되고 있는가?

49 크리스마스, 연말 등 시즌 영업을 위한 마케팅 전략을 갖추고 있는가?

50 지속적인 안정 경영을 위해 창업자의 건강관리 프로그램이 있는가?

그들이 장사로 성공할 수 있었던 결정적 이유!

그래도 누군가는 대박 가게를 만든다

초판 1쇄 발행일 | 2015년 10월 15일

지은이 | 김상훈
펴낸이 | 이우희
펴낸곳 | 도서출판 좋은날들

출판등록 | 제2011-000196호
등록일자 | 2010년 9월 9일
일원화공급처 | (주) 북새통
(121-842) 서울시 마포구 서교동 465-4 광림빌딩 2층
전화 | 02-338-7270 · 팩스 | 02-338-7160
이메일 | igooddays@naver.com
디자인 | 우진(宇珍)
copyright ⓒ 김상훈, 2015
ISBN 978-89-98625-24-5 03320